코로나 쇼크 이후 세계의 변화

오오마에 겐이치 지음
박세정 옮김

[특집 한국편]
한국은 어떻게 대처할 것인가?
노규성 / 한국생산성본부 회장, 경영학 박사

Original Japanese title: OHMAE KENICHI - SEKAI NO CHOURYU 2020~2021
Copyright © 2020 Ohmae Kenichi
Original Japanese edition published by President Inc.

Korean translation rights arranged with President Inc. through The English Agency (Japan) Ltd.

머리말

　2020년이 시작한 지 얼마 지나지 않아 중국 우한에서 발생한 신형 코로나바이러스는 상상을 초월하는 속도로 전 세계에 번져나갔고, 급기야는 세계보건기구WHO가 팬데믹 선언을 하기에 이르렀다. 또한, 각국은 감염 확산을 막기 위해 외국인의 입국을 제한하거나 공장 가동을 중단시키는 등의 조치를 취하고 있다. 코로나바이러스 확산으로 국제적인 인적 교류와 서플라이 체인supply chain이 끊어지면서 세계의 정치·경제는 막대한 타격을 입었다. 게다가 아직까지 백신 개발 소식은 감감무소식이다. 코로나 바이러스의 등장과 전 지구적인 확산은 VUCA(Volatility 변덕, Uncertainty 불확실성, Complexity 복잡함, Ambiguity 애매함) 시대의 도래를 상징하는 사건이다.

그러나 세계의 정치·경제를 움직이는 것은 결국 인간이다. 나는 물리학자의 관점으로 현시점 세계 경제의 트렌드에 대해 분석했다. 부디 이 책이 코로나바이러스 이후의 비즈니스를 통찰할 수 있는 관점을 독자에게 제공할 수 있기를 바란다.

21세기에 들어서면서 세계의 변화 속도는 더욱더 빨라졌다. 1년 전만 해도 상식적이었으나 올해는 더 이상 통용되지 않는 일이 모든 분야에서 벌어지고 있다. 따라서 과거의 성공 경험이 그대로 통용될 것이라는 기대는 접어두는 것이 좋다. 특히 경영자나 비즈니스맨은 항상 사방팔방으로 안테나를 세워 현재 상황을 정확하게 파악하고 그 정보를 토대로 최선의 전략을 세워야 한다.

각종 통계 수치를 자세히 들여다보면 세계 경제는 유감스럽게도 둔화되고 있다고 말하지 않을 수 없다. 그 원인 중 하나는 바로 정치 리스크이다. 특히 미·중 무역전쟁의 영향이 크다. 20년 전의 중국이었다면 미국과 패권 다툼을 벌일 생각은 꿈도 꿀 수 없었겠지만, 급격히 존재감을 높인 오늘날의 중국은 이제 미국과의 패권 다툼에 나서고 있다.

중동 정세 불안, 브렉시트, 홍콩 문제 등 역시 세계 경기를 둔화시키는 요인들이다. 한편 코로나바이러스 문제에 국한한다면 주식시장의 동향은 결코 나쁘지 않다. 미국의 다우지수와 나스닥지수, S&P500 지수가 사상 최고치를 경신했으며 일본에서도 2020년 1월 닛케이 평균주가가 2,400엔 대 한화 약 2만 6,000원까지 상승했다. 과연 왜 실물경제와 주가가 이토록 괴리된 움직임을 보이는 걸까? 사실은 이런 괴리에도 분명한 이유가 있다. 간단히 말해 양적 완화로 갈 곳을 잃은 유동성이 주식시장으로 유입되고 있기 때문이다. 따라서 이러한 주가의 상승은 기업의 실제 가치를 반영한 것이 아니므로 다른 요소가 작용하고 있음을 명심해야 한다.

각국의 분열 또한 염려되는 요인이다. 자국 우선주의와 포퓰리즘이 천천히 세계를 좀먹고 있다. 이런 와중에 최근 코로나바이러스가 확산하면서 다시금 국민국가들을 분열의 시대로 몰아가고 있다.

이러한 분열의 또 다른 계기는 바로 도널드 트럼프Donald Trump 미국 대통령의 등장이다. 그는 미국의 삼권분립이나 민주주의를 훼손시켰을 뿐만 아니라, 국제 공조나 세계 질서의 토대를 파괴해 버렸다. 아마 미국은 트럼프 대통령의 임기가 끝난 후에야 그 후유증을 경험하게 될 것이다.

한편 EU 역시 프랑스의 데스탱d'Estaing 전 대통령, 미테랑Mitterrand 전 대통령, 독일의 슈미트Schmidt 전 총리, 콜Kohl 전 총리와 같은 전 유럽을 아우르는 지도자가 나타나지 않고 있어 회원국들 사이의 분열과 반목이 계속되고 있다.

중국은 티베트와 신장위구르자치구에서 인권 탄압 행위를 하고 있다는 이유로 국제사회로부터 비난받고 있다. 이에 대해 중국 정부는 내정 간섭이라며 강변하지만, 인권이나 환경 같은 인류 공동의 문제는 필연적으로 국제적인 과제로 여겨질 수밖에 없다. 다만 최근 자국 우선주의 기조가 확산하면서 국제회의나 국제기구에서 글로벌 문제의 해결이 어려워진 것은 우려스러운 부분이다.

이런 가운데 일본은 국제사회에서 리더십을 발휘하기는커녕 완전히 그 기세를 잃어가고 있다. GDP는 중국에 추월당한 지 오래고, 기업 시가총액 랭킹 또한 42위의 도요타가 가장 높은 순위로 자리해 있을 뿐이다. 이대로라면 과거의 스페인이나 포르투갈이 그랬듯 일본 역시 조용히 쇠퇴해 갈 것이다.

그렇지만 이를 방지할 방법이 없는 것은 아니다. 나는 이에 대한 비책을 구상했는데 이 중 하나는 바로 퀄리티 국가를 지향하는 것이다. 이에 대해서는 본문에 자세히 설명해 놓았으니 독자들께서 꼭 정독해 주었으면 한다.

지금은 어떤 분야의 비즈니스를 운영하더라도 국제적인 이슈의 영향에서 자유로울 수 없다. 따라서 세계 각국의 동향을 파악한 후 전략을 세우는 것은 필수 불가결이다. 하지만 국내 언론만 모니터링하는 것으로는 충분하지 않다. 이 책을 통해 한 사람이라도 더 많은 사람이 세계 경제의 구조와 흐름의 진정한 모습을 알게 된다면 참으로 기쁠 것이다.

다음의 [그림 1]은 이 책의 개요를 정리한 것이다. 독자들이 본문을 읽기 전에 대략적인 흐름을 파악하는데 도움을 줄 것이다.

오오마에 겐이치

[그림 1] 「코로나 쇼크 이후 세계의 변화」 요약

[세계 경제의 동향] — '일본화=저욕망화'하는 세계

● 미·중 대립을 비롯한 지정학적 긴장의 고조로 세계 경제가 동시에 하락하는 가운데 서방 국가들의 경제는 장기 정체가 계속되면서 '재패니피케이션(일본화)' 상태에 빠져 있다.

● 경기 대책을 위한 금리 인하와 금융 완화로 서구 중앙은행들 역시 금융 완화 기조에서 벗어나지 못하는 '일본은행화'가 진행되고 있다.

● 글로벌 상장사들의 실적이 악화되는 가운데 금융 완화로 인한 유동성이 증시로 유입되면서 주가가 사상 최고치를 경신했다. 그러나 실물경제 측면에서는 주가가 상승할 이유가 없어 언제 하락해도 이상하지 않은 상황이다.

[세계정세의 동향] - 분열하는 세계

● '자국 제일주의'와 '포퓰리즘(대중영합주의)'의 대두에 따른 중우정치의 확대로 세계의 불확실성이 커지고 있다.

● 영국에서 브렉시트 찬성파인 보수당이 압승하면서 EU의 분열과 영국의 분열 위험이 높아졌다.

[21세기 세계의 바람직한 모습] - '분단'에서 '연대'로

● 베를린 장벽 붕괴와 냉전 종식 이후 30년에 걸쳐 연대와 국제 공조를 모색해 오던 세계 각국은 다시금 뿔뿔이 흩어지는 방향으로 나아가는 중이다. 이를 타개하기 위해 다시 한번 국민국가 단위를 초월하여 전 지구적 문제를 해결하는 체제를 수립해야 한다.

[일본의 동향] - 열등감 덩어리가 되어 버린 일본

● 21세기 초 일본의 지난 20년을 돌아보면 '열등감 덩어리가 되어 버렸다'라는 인상이 강하지만, 이런 인식과 위기감이 일본인들에게는 존재하지 않는다.

● 향후 일본 경제적 위상이 낮아질 경우를 대비해, 강대국과 인접하고 있는 '퀄리티 국가'들을 참고하여 전략을 수립한다.

● '국가의 쇠퇴'에서 벗어나기 위해 지방과 기업은 세계 각국으로부터 부를 유치하는 방법을 모색해야 한다.

[2020년, 일본은 어떻게 해야 하는가?]

● 모든 분야에서 인재가 부족한 것이야말로 일본이 마주한 최대의 문제이다. 이를 해결하기 위해 21세기 글로벌 무대에서 활약할 수 있는 인재를 조속히 육성해야 한다.

● 인재 영입을 두고 치열한 경쟁을 벌이는 세계 각국과 경쟁하려면 외국인 선수가 대활약한 럭비 월드컵 일본 대표팀처럼 능력 있는 외국인들이 일본 사회에 적응할 수 있도록 지원해 '원팀'으로 만든다는 발상이 중요하다.

코로나 'PESTLE' 지력知力

글 시작에…

페치까Pechka, 러시아식 '조개탄 난로' 막사지금의 군대 생활관, 고등학교 때 교련복과 목총나무로 된 모형의 총, 초등학교가 아닌 국민학교 졸업, 이른 아침 잠이 덜 깬 눈으로 놀이터에 빗자루 들고 서 있던 '새마을운동'.

이런 시대를 살아온 필자 세대의 구호는 "뭉치면 살고 흩어지면 죽는다!" 였다.

그런데 지금 우리 시대의 캐치프레이즈catchphrase,

"흩어지면 살고 뭉치면 죽는다!!"

인류의 햇수 계산은 예수님이 태어나신 해를 원년으로, 예수님께서 태어나시기 전을 'BCBefore Christ, 그리스도 이전', 예수님이 태어나신 후는 'AD Anno Domini, 라틴어 '주님의 해''로 표기한다. 원뜻의 'BC'는 'Before Corona'의 요즘의 'BC'와는 사뭇 다른 의미를 지닌다.

'공이' 혹은 '절굿공'이라 불리는 Pestle['pesl]은 사발 안에 빻을 것을 넣어 두고 절구를 찧어 가루를 내는 '막자'다.

콩이나 알약 같은 것을 가루로 만들어 버리는 도구와 똑같은 영어 스펠링의 'PESTLE 일명, 페스틀'은 정치 Political, 경제 Economic, 사회문화/교육 Sociocultural/educational, 기술 Technological의 앞머리 글자를 딴 'PEST'에 법률 Legal과 환경 Environment을 더한 6가지 측면에서 접근하는 대표적인 거시환경 분석기법이다.

'PESTLE'이란 하나의 스펠링으로 두 가지 뜻을 지닌 동일한 옷차림을 한 이 단어는, 무언가를 빻아서 가루를 만들든, 집요한 분석을 통해 현상의 이면을 면밀히 파악하든 간에 '분쇄한다'는 의미에서 어쩌면 기가 막힌 인연을 타고 난 듯하다.

2019년 12월 중국 우한시市에서 창궐해 급격한 확진과 수많은 사상자를 낸 위력偉力의 폐렴 '코로나19 Covid-19, 이하 '코로나''는 동시대를 사는 지구인들에게 사상 유래를 찾아볼 수 없는 충격파를 가하며 인류가 직면하고 있는 'PESTLE페 스틀'에 놀라운 변화를 가져왔다.

이에 본 필자는 코로나 사태가 불러들인 개괄적인 시대 변화를 국제 정세와 우리 대한민국을 맞물려 인문, 사회, 통계, 과학적 사유와 사고를 배경으로 'PESTLE' 분석을 통해 역자譯者로서의 단편적인 생각단상, 斷想을 다음에 나열해 보고자 한다.

정치적Political 동향

코로나의 국제 컨트롤타워 'WHOWorld Health Organization'.

하지만 코로나 시대 국제사회에서 초친중파超親中派의 대 표적인 인물이 사무총장으로 있는 세계보건기구 WHO에 대한 불신이 야기되었고, 결국엔 중국 정부와 2인 3각으로 호흡을 맞추며 '필사호위必死扈衛'하는 사무총장의 행태에 국제기구로서의 권위와 위상이 바닥으로 떨어지고, 미국 은 WHO 탈퇴 의사 표명에 이르게 된다.

중국의 지지를 받아 '하나의 중국One-China policy' 원칙을 견지할 것을 천명하며 WHO 사무총장 선거에 당선된 테 드로스 박사Dr. Tedros Adhanom Ghebreyesus는 중국이 주창하는

'하나의 중국' 신봉자이다. '하나의 중국'이란 마카오, 타이완Taiwan, 대만 그리고 홍콩을 비롯한 중국과 분리 독립을 원하는 중국내 소수민족인 티베트, 위구르의 요구를 일축하는 이데올로기를 말한다.

WHO의 국제, 정치적Political 파장과 더불어 세계에는 국가 간 '외국인 입국금지'란 초강수로 시작된 '자민족 중심주의ethnocentrism'에 입각한 '코로나 외교'가 태동한다. 코로나 사태를 겪으며 '자기 절제', '시민 공동체' 중시에서 발현된 '정치적 자민족 중심주의'는 범용적인 선진 '시민의식', '질서의식'으로 옮겨져shift 국가 간 '안전 경쟁Safety Race, park, 2020'의 근간을 이루게 된다.

'자민족 중심주의' 용례를 보면 관광객이 영어로 물으면 알아들으면서도 불어로 대답하는 프랑스인들을 '자민족 중심주의'가 강한 민족이라고 할 수 있는데, 이런 성향을 지닌 민족은 대체로 자신이 속한 지역 경제를 보호하려는 의지가 강해 '자국 제품국산품'을 애용하려는 경향이 짙다.

코로나 시대 세계 정치의 가장 확실한 아웃풋output은 스가 요시히데菅義偉의 일본 총리 등극이다.

일본의 유구한 역사를 지닌 저명한 문집文集 '문예춘추文

藝春秋' 기획출판부가 발행한『정치가의 각오, 관료를 움직여라!政治家の覚悟, 官僚を動かせ!』는 스가 총리가 대권을 향해 야심차게 집필한 저서다.

이 책에서는 "정치가는 관료에게 동기를 부여해 숨겨진 능력을 십분 발휘시켜야 한다"라며 "진정한 정치주의란, 관료를 유효적절하게 활용하고, 국민의 목소리를 국회에 지속적으로 반영하면서 국익을 최대한 증대시키는 것이다"라고 정의하였다.

2020년 한·미·일 3국간의 협력 도모 및 각국의 경제회복 방안 공유를 위한 '제27차 한미일 의원 회의TLEP, Trilateral Legislative Exchange Program'가 코로나 사태로 인해 원격에서 화상으로 진행되었다.

2003년부터 지속되어지고 있는 이 회의에서는 '코로나 19 대응 및 경제회복 방안 비교'란 아젠다agenda, 의제, 議題를 중심으로 코로나를 대비하는 각국의 보건과 방역 정책의 현황과 경제회복 방안이 논의됐다. 통역 없는 진행 때문에 각국에서 선발된 외교관 출신이거나, 외국어에 능통한 의원들만이 참석할 수 있는 3국의 유일한 국제회의로, 무엇보다 자유롭고 솔직한 직격적인 토론이 오가는 것으로 글로벌 외교가街에서의 유명세가 대단하다.

'제27차 한미일 의원 회의'의 대한민국 대표단장 박진'국민의힘' 4선, 서울 강남 '을' 국회의원은 서울대를 나온 외교관이자 미국 변호사로, 하버드대학에서 석사와 옥스퍼드대학에서 박사를 취득하고 영국 뉴캐슬대학에서 교수를 지낸 세계적으로 필적할 상대가 없는 초엘리트 정치인이다. 일본 도쿄대학에서 외국인 연구생 시절 익힌 능숙한 일본어와, 한국방송통신대학에서 만학晚學으로 수학한 중국어를 자유자재로 구사하는 유일한 국회 외교통상통일위원회 위원장 출신이기도 하다.

스가 총리가 관방장관이던 2019년 10월 나루히토 일왕의 즉위식 참석과 함께 스가 총리와 비공개 회담을 성사시키며 양국 관계 개선을 논의한 이낙연 전 국무총리는 동아일보 기자 당시 도쿄 특파원을 지낸 한국의 대표적인 '지일파知日派'다.

코로나 이후의 시대. 한일 간의 돌파구breakthrough를 모색하며 미래지향적인 관계 개선에 선봉장이 될 대한민국의 핵심 전략자산그룹SRG, Strategic Resource Group인 전문외교통通들이 새로운 바람을 몰고 올 것이다.

우리나라에서는 '사회복지'와, '응급의료', '공중보건'의 전문성 문제가 불거지면서 보건복지부 산하 하부조직인

'질병관리본부'가 '질병관리청'으로 승격된다. 이에 문재인 대통령은 정은경 신임 질병관리청장에게 임명장을 건네려 질병관리본부 긴급상황센터가 있는 충청북도 청주를 직접 찾았고, 미국 타임지TIME紙가 선정하는 '2020년 세계에서 가장 영향력 있는 100인'으로 선정된 정 청장 기사에 문 대통령의 소개글을 실었다.

경제적Economic 동향

경제적으로는 미래학자들이 경제 공황의 엄습을 예고하고, 세계 주요 각국은 내수 중심 자구책을 강구하면서 무역 의존도를 낮추고자 하는 뉴노멀New Normal, 변화에 따른 새로운 표준 패러다임이 서서히 뿌리를 내리기 시작한다.

프랑스, 영국, 스페인, 호주 등 우리나라만큼 딱히 내세울 만한 대표 IT 기업이 없는 유럽 국가들은 자국에서 거둬들이는 다국적 IT기업 매출에 별도의 세금을 매기는 일명 '디지털세稅'을 추징한다. 앞서 나온 '정치적 자민족 중심주의political ethnocentrism'에 이은 '경제적 자민족 중심주의 economic ethnocentrism'의 단면이다.

밀레니엄 세대Millennium generation 혹은 Y세대라 불리는 1980년대 초반에서 2000년대 초반에 태어난 세대와, 바로 그 뒤를 이어 경험 중시형의 디지털 네이티브digital native, 디지털 원주민 'Z세대generation 'Z''를 합쳐 부르는 'MZ세대'.

벤치프레스나 아령 같은 강도 높은 근육 운동을 마치고 부풀려진 팔뚝과 가슴에 뿌듯해하며 몸을 구부려 남에게 불룩한 근육을 보이는 것을 칭하는 'FLEX'는 90년대 힙합 래퍼들이 성공 과시욕으로 시계, 보석, 자동차, 집을 자랑하면서 "FLEX 해버렸지 뭐야!"라는 신조新造 어구를 만들어 내며 MZ세대를 후벼 파고 들었다.

코로나와 'MZ세대'의 'FLEX'가 만나서 SNS가 모든 걸 다 삼켜버리게 했다.

"SNS is eating the world!"

SNS의 위세로 국내 산업군에서 단독사업 법인으로 전속계약 크리에이터 규모 BIG 3 그룹인 '램스튜디오'와 '트레저헌터' 등 유투버, 인플루언서 소속사인 MCNMulti Channel Network, 다중채널 네트워크 리딩leading 컴퍼니와, 인테리어 O2O 플랫폼 '오늘의집', 공유오피스와 문화, 교육 콘텐츠를 제공하는 '스페이스코웍'처럼, 장르와 플랫폼 그리고 지역사회를 넘나든 언택트un-tact, 온택트on-tact 스타트업 기업들의 괄목한 성장이 가속화되었다. '버킷플레이스'가 운영하는

'오늘의집'은 앞서의 '트레저헌터' 자회사인 뷰티 인플루언서 1위 기업을 일군 '레페리www.leferi.com' 출신 인사人事전문가를 영입하면서 업계를 선도하는 인사문화HRM, HRD로 코로나 시대 청년 구직자들이 가장 선호하는 스타트업으로, 코로나가 한창이던 2020년 3월 한 달간의 매출만도 전년 대비 500% 성장에 가까운 700억 원을 벌어들인다.

사회문화/교육적Sociocultural/educational 동향

언택트 시대를 맞이한 사회문화/교육적으로 가장 큰 국외적 변화는, 우리 사회에 뿌리 깊게 정착된 '빨리빨리 문화'를 폄하하던 외국인들이, 발 빠르게 대응하고 선제적으로 치고 나가는 'K-방역'과 'K-메디컬'에 찬사를 보내기에 여념이 없어졌다는 것이다.

국내에서는 코로나 확진과 방지를 위해 아무런 거리낌 없이 일반 시민의 동선 유출이 당연시화化되면서 개인의 은밀한 사생활이 만천하에 적나라하게 밝혀져도 이상할 것 하나 없다는 사회적 합의가 이루어졌으며, 기업 조직 문화 변화로는 처음에 생소하고 어색했던 'Slack클라우드 기반 팀원 간 메신저 플랫폼'의 협업 툴과 'Zoom'으로 하는 신규 사업 화상회의가 자연스러워지고, SNS를 통한 음주가 곁들여진 온택트 회식과, 사택社宅에 홈트홈트레이닝, home training 기구를 갖추어 두고 사원의 외출 빈도와 코로나 감염 확률을 줄이고 있는 것을 들 수 있다.

레저스포츠 분야에서는 일정 기간 내에 참가자가 원하는 시간과 장소에서 목표 거리를 달리고, 공식 앱을 통해 본인의 기록을 측정하는 방식인 '언택트 마라톤'이 등장하기에 이른다.

크라우드 펀딩 업체 '와디즈www.wadiz.kr'의 '패션 베스트 브랜드 FIVE펀딩 금액 기준'에 선정된 유일한 생활한복 브랜드 '리슬www.leesle.com'은 코로나를 혼신의 힘으로 막아낸 대한민국 의료진을 위한 헌정작품으로 세계 최초로 방호복 한복을 제작했다. BTS, 송가인 등 K-pop 스타들이 즐겨 입는 '리슬'은 지구 반대편을 불문하고 전 세계 50여 개국에 수출하는 장보고의 후예 디아스포라diaspora로, 문화 영토를 급격히 확장해 나가며 'K-한복'의 '원산지 효과COO, country of origin' 위상을 국제사회에 당당히 선보이고 있다. 여기서 '원산지 효과'란, 머리카락을 짧게 자를 때 쓰는 '바리깡'이라 불리는 도구의 이름이 프랑스 이발 용품 제조사 '바리

캉 에 마르Barriquand et Marre'에서 시작되었듯, 브랜드의 대명 사화化가 대표적인 예이다.

교육면에서는 한국이 뒤처져 있는 정규 과정course의 온라인 수료 시스템을 미국의 하버드, MIT, 예일과 일본의 게이오대학 등 해외 명문대학들이 선도해 나가고 있으며, 여기에 편승한 워라밸work-life balance, 일과 삶의 균형 트렌드로 절제와 수고의 희생을 감수하고서라도 회사와 학교를 병행하는 샐러던트salaryman+student를 고려하는 직장인들이 급격히 증가한다.

국내 대학교에서는 학기별 각 전공의 전체 교과목 학점의 20%를 초과할 수 없도록 한 원격수업 비율이 99%까지 완화되었고, 사상 초유의 온라인 개교와 원격수업으로 인해 오프라인 기반으로 책정된 기존 등록금이 아깝다는 성토와 함께, 외국에서 한국으로 유학을 온 일부 학생들은 자신의 SNS에 온라인에 치중된 수업 방식 때문에 한국에서 학교 다니는 느낌이 들지 않는다며 코로나 사태를 풍자하기도 한다.

코로나 이후 국내외를 막론한 교육의 사회학적 측면으로 대학교수의 임용에서 확연한 차이가 예견되고 있다. 코로나 이후의 교육 현장에서는 더 이상 박사학위만으로 학생을 가르치려는 교수를, 학생도 학교도 사회도 거부한다. 현란한 수사修辭나 권위적인 졸업장만으로는 통하지 않는, '차車' 떼고 '포包' 땐 언택트 수업에서 이론만 파고드는 학자의 공허한 임기응변은 그 밑천에 한계가 금방 드러나 버렸다. 궁극에는 기업 조직을 경험한 필드형field型, 현장중심적, 실전형 박사들이 학계의 주류를 이루게 된다.

90명의 노벨상 수상자를 배출한 미국의 명문 공과대학 MIT 박사 학위를 지닌 엔씨소프트 윤송이 CSOChief Strategy Officer, 최고전략책임자는 "MIT의 교수들은 연구수행의 주체이면서도 기업과의 소통에도 능숙하다"며 실용주의 'MIT spirits정신'를 칭송한다. 세상을 구하지 못하는 지성은 죽은 지성이라는 인식의 확산에서 비롯된, 한마디로 '교수'라고 쓰고 '멀티 스페셜리스트multi-specialist'라 읽는 시대가 다가온 것이다.

기술적Technological & 법률Legal적 동향

문화체육관광부 산하 사단법인 한국VR/AR콘텐츠진흥협회와 대한변호사협회에서는 코로나 이후 비대면, 비접촉 분야의 산업과 정책과 법률의 방향성에 관해 치열한 논의를 해 오고 있다.

기술적으로 코로나 확산 예방의 대표 기술인 QR코드를 접목한 온택트를 지원하는 AI Artificial Intelligence, 인공지능와 AR Augmented Reality, 증강현실, VR Virtual Reality, 가상현실이 4IR Forth Industry Revolution, 4차 산업혁명시대를 이끌고 있다. 이를 실증하듯 '한국VR/AR콘텐츠진흥협회 www.kovaca.org'로는 VR을 활용한 메디컬 트레이닝과 군사훈련, 'AR 장례 서비스 & 메모리얼 파크' 등의 4차 산업 관련 제안이 봇물처럼 쏟아져 들어오고 있으며, 협회는 이를 지원하기 위한 엑셀러레이팅 프로그램을 진행 중이다.

중세 유럽 인구의 3분의 1을 사망에 이르게 한 흑사병 이후에 카오스 chaos를 맞이한 인류는 코로나의 방역을 방해한 당사자들을 법적으로 가차 없이 처벌한다. 이러한 코로나 시대법의 다이내믹함과 대조적으로 법리를 차분히 준비하는 곳이 있는데, 바로 우리나라를 대표하는 법조인 조직 '대한변호사협회'이다. 협회 내에 필자가 입법위원장으로 있는 '글로벌IT스타트업 소위원회'에서는 코로나 이후의 스타트업 기업의 글로벌 진출과 규제 완화, 리걸텍 legal-tech의 선두에서 적극 대응함은 물론, AI가 판사를 대신해 판결하는 국제적 합의를 논의함과 동시에 청년변호사들의 케어를 진행해온 지 이미 오래다.

2020년 9월 19일은 대한민국 최초의 '청년의 날'이다. '청년의 날'은 국회사무처 소관 청년단체 사단법인 '청년과 미래이사장 정현곤'가 2016년 9월부터 5년간 필사의 노력 끝에 법적 지위를 부여받아, 청년의 권리보장 및 청년발전의 중요성을 알리고, 청년문제에 대한 관심을 높이기 위해 제정된 법정기념일이다.(청년기본법 제7조)

이 외에도 코로나 이후 상황을 뒷받침하려는 정책과 법제적 드라이브는 각계각층에서 도전되고 있다

부산국제금융센터 39층 대회의실.
한국예탁결제원을 비롯해 부산시, 기술보증기금, BNK금융그룹, 부산항만공사, 한국주택금융공사, 한국남부발전, 주택도시보증공사가 합동으로 부산의 스타트업 기업을 육성, 지원하려는 민관합동 프로젝트의 운영기관 선정을 위해 필자가 평가위원으로 참석한 자리다. 한국예탁결제원KSD, Korea Securities Depository은 증시 관련 대금 규모 3경 4,469조 원34,469,000,000,000,000원, 2017년 말 기준의 조직이다.

산학연관정産學硏官政이 클러스터를 이뤄 혼연일체가 되어 코로나 시대 우리의 미래 먹거리를 책임질 청년과 스타

트업을 물심양면으로 응원한다.

이와 같은 노력에 자극을 받은 코로나 시대 대한민국의 벤처업계 또한 스타트업의 법제 정비, 규제 개선과 함께 신제품이나 서비스가 출시되면 일정 기간 면제해 주는 규제 샌드박스 sandbox, 모래 든 상자 안에서는 넘어져도 다치지 않는다는 뜻으로, 새로운 제품이나 서비스가 출시될 때 일정 기간 규제를 면제해 주는 제도를 지속적으로 정부에 요구하고 있다.

환경Environment적 동향

'PESTLE페스틀'의 마지막 알파벳 철자인 'E', 지구환경 측면을 살펴보자.

코로나 이후 한국의 환경 변화 중 직접 몸과 마음으로 느껴지는 것은 우리 대한민국 강산의 맑은 하늘을 마음껏 음미할 수 있다는 것이다. 코로나로 중국 공장의 가동이 현격히 줄어들면서 우리나라로 들어오는 중국발發 미세먼지의 양도 줄어든 덕이다.

2020년부터 매년 9월 7일은 유엔총회에서 채택된 유엔 공식 기념일이자 국가 기념일인 '푸른 하늘의 날'이다. 이 날은 우리나라가 처음이자 단독으로 유엔에 제안해 만들어진 기념일이다.

'하늘의 날' 첫 번째 행사에서 문재인 대통령은 코로나의 확산은 기후 환경 위기와 강한 연계성이 있음을 재확인하면서 깨끗하고 안전한 에너지로의 전환을 가속화하기 위해 태양광과 풍력 설비를 2025년까지 지난해 대비 3배 이상으로 확대할 계획이라고 밝혔다.

아울러 전기차, 수소차 보급 확대와 스마트 전력 플랫폼 구축과 함께 기후 환경 비용을 반영하는 전력 공급 체계를 마련하고, 화석연료 기반 전력 체계를 장기적으로 재생에너지 기반으로 바꾸어 나갈 것이라고 했다. 이러한 그린 뉴딜 정책의 대표적인 예인 '주민참여형 유리온실 프로젝트'를 추진해오며, 미국의 글로벌 컴퍼니 GE General Electric와 새만금개발청과 LOI Letter Of Intent, 투자의향서를 체결한 '네모이엔지' 같은 수상과 육상 및 루프탑 태양광과 ESS Energy Storage System, 에너지 저장장치에 독보적인 지위를 확보하고 있는 한국의 신재생에너지 글로벌 선도 기업의 약진이 기대된다.

이날 행사에서 문재인 대통령은 기후 환경 위기를 경제의 성장 계기로 반전시키겠다는 의지를 피력하며, 코로나와 기후 환경을 극복하는 변화 관리 change management 전략이자 기후 위기 대응 정책인 한국판 뉴딜의 한 축을 이루는 '그린 뉴딜 green new deal'로 2025년까지의 일자리 66만 개 창출을 약속했다.

여기서 상기해야 할 석학의 한마디, MIT 경영대학원 에드거 샤인Edgar H. Schein 교수는 변화 관리에 있어 "무언가를 변화시킨다는 것은 단지 새로운 것에 대한 학습뿐 아니라, 이미 존재하고 있고 변화를 방해하는 것에 대한 폐기 학습unlearning을 내포한다Schein, 1999"고 했다는 것이다.

단상을 맺으며…

17세기 이탈리아의 안토니오 스트라디바리가 가문비나무로 만든 바이올린 스트라디바리우스는 보통 30~40억 원에 달하지만, 사실 그 희소성에 부르는 게 값인 명품 악기다. 영국 일간지 인디펜던트지는 'the mystery of why Stradivarius violins are best' 기사에서 "스트라디바리우스가 300년을 훨씬 지나서도 여전히 아름다운 음색과 리듬을 내는 비밀은 바이올린의 몸체를 구성하는 나무판의 일정한 밀도consistent density에 있다"고 전했다. 스트라디바리우스가 제작된 때는 '작은 빙하기'라고 불렸을 정도로 추웠던 날씨가 장기간 지속되었던 시기로, 그 혹한을 견뎌낸 가문비나무의 끈질긴 생명력이 단단함을 유지해낸 밀도를 만들어 냈다.

인고忍苦의 시간은 우리를 더욱 강하게 할 뿐이다.

국가 간 '외국인 입국금지'로 시작된 '코로나 외교'는, '큰 형님 국가'로 불리는 G3 Great 3개국 미국, 중국, 일본의 경쟁 주안점을 '군비 경쟁 Arms Race'에서 '안전 경쟁 Safety Race, park, 2020'으로 이동시켰다.

새로운 경쟁 구도를 만들어낸 갑작스런 코로나 사태로 인류는 처음에는 당황하고 스스로의 무기력함에 놀라긴 했지만, 권토중래捲土重來의 리벤지 Revenge 기회를 부여잡기 위한 희망을 굳건히 쥐고 만회와 반전의 기회를 노려야 한다. 폭풍이 오면 바다가 뒤집혀진 듯하지만, 그로 인해 바닷속의 썩어가는 적조赤潮가 해소된다.

폭풍 속에 은혜가 있는 이치다.

코로나 시대, 미래 세대에 어떤 메시지를 남길지는 온전히 우리의 몫이다.

강한 바람이 불어 닥치고 있다.
돌담을 쌓을 것인가, 풍차를 돌릴 것인가?

두 달 전이던가? 대모산을 오르려 수서역 6번 출구를 나오는데 생각지 않게 만난 영국 옥스퍼드대학을 졸업하고 서울대에서 행정학 박사과정을 밟고 있는 지인을 만났다. 출판사를 경영하는 청년 대표로, 필자가 옥스퍼드 비즈니스스쿨 벤처금융공학 과정을 밟는데 많은 영감을 줬던 그도 대모산을 오르는 길이었단다.

산 정상에서 싸 가지고 온 김밥을 나눠 먹으며 대화를 했다.

서로의 근황이 오가면서 출판사 대표답게 베스트셀러가 된, 내가 올해 초에 낸 『스타트업 노트광문각, 2020』를 재밌게 읽었다고 한다. 그러고는 요즘 어떤 강의를 많이 하시냐며 근황을 물었다. 나는 코로나 시대이다 보니 작금昨今 현상의 이면과 미래 예측 강의를 많이 한다고 했다. 그러더니 대뜸 내가 코로나 책을 써주면 자기네 출판사에서 내고 싶다고 했다. 그렇게, 이 책의 작업은 시작되었다.

이런저런 우연과 필연으로, 코로나 사태로 인류가 직면한 위기와 변화의 시기에 'PESTLE페스틀' 분석 기법으로 코로나 이전과 이후를 살펴 현상을 파악하고 그 이면을 알리고자 노트북을 열었다.

와세다대학 직속 선배님의 글을 코로나로 인해 대면이 아닌 통신상의 커뮤니케이션을 하면서 번역하고, 같은 경영학자로서 무한 존경하는 한국생산성본부 노규성 회장님과 함께 글을 쓴 은혜로운 시간이었다.

모든 영광을 하나님께 올리고, 글쟁이 철없는 아들을 위해 기도해 주시는 어머니에게 사랑한다는 마음과 번역에 동참해 준 동역자 이정후에게 감사를 표한다.

아무쪼록 이 책이 가까운 미래 예측에 일조가 되길 바란다.

변화에서 가장 힘든 것은
새로운 것을 생각해 내는 것이 아니라,
이전에 갖고 있던 틀에서 벗어나는 것이다
- 케인스 -

군산 새만금에서 박세정 올림
parksejeong3@gmail.com

옮긴이

박세정

일본 와세다대학 인간과학부 졸업. 동대학대학원 MBA경영학 석사와 연세대학교에서 Ph. D.경영학 박사 취득.

한국전문경영인학회 이사와 숙명여대 겸임교수, 한국수자원공사 자문교수를 거쳐 현재 네모벤처스(주) 대표이사이자 KAIST 국가미래교육전략 편집위원으로 대한변호사협회 글로벌IT스타트업(소위) 분과위원장과 한국스타트업학회장을 맡고 있다.

저서로는『미친 꿈은 없다』쌤앤파커스,『스타트업 노트』광문각,『국가미래교육전략』김영사,『응급의료체계백서』국립중앙의료원,『비앙또 단편선』와세다미스터리서클 등이 있다.

이정후

부산대학교 정치외교학과 졸업 후, 동대학 법학전문대학원 재학. 2018년 G20 정상회의 청년 국가대표 및 하토야마 전 일본 총리의 한국 수행 및 의전을 담당했다.

차례

제3장 21세기 세계의 바람직한 모습

제1장

세계 경제의 동향
– '일본화=저욕망화'하는 세계

뚜렷한 하향 추세를 보이는 세계 경제

　새로운 세기에 들어선 지 20년, 세계 경제는 최근 몇 년 동안 뚜렷한 하향 추세를 보이고 있다. 2019년 세계 평균 경제성장률은 3.0%가 될 것으로 전망하고 있지만, 이는 2008년의 세계 금융위기 이후 가장 낮은 성장률이다[그림 2].

　이처럼 낮은 성장률은 그동안 매우 높은 성장률을 보여 왔던 중국과 인도의 경제 성장이 급격히 둔화하고 있는 영향이 크다. 중국의 경우, 일반 기업과 지방자치단체 상당수가 자본 잠식에 빠져 불안정한 상태에서 미·중 간 무역 전쟁이 발발하자 6%의 성장률조차 담보할 수 없는 수준까지 떨어졌다. 인도에서는 모디Modi 총리의 정책이 전혀 먹혀들지 않고 있다. 조세 제도를 변경해 세율이 오른 것을 계기로 자동차의 판매 대수가 전년 대비 무려 30% 이상 감소한 달도 나타났다. 또한, 2019년 12월에는 무슬림 이외의 불법 이민자에게 국적을 부여하는 국적법 개정안을 의회에서 가결한 것에 반발해 아삼Assam주 등에서 격렬한 항의 시위가 일어났다.

[그림 2] 주요 국가·지역의 GDP 성장률

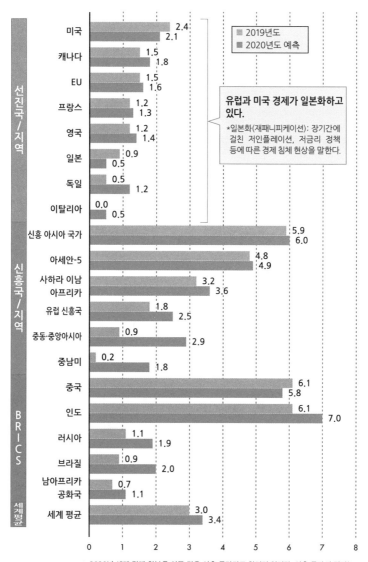

미국
- 2.4 (2019년도)
- 2.1 (2020년도 예측)

캐나다
- 1.5
- 1.8

EU
- 1.5
- 1.6

프랑스
- 1.2
- 1.3

영국
- 1.2
- 1.4

일본
- 0.9
- 0.5

독일
- 0.5
- 1.2

이탈리아
- 0.0
- 0.5

신흥 아시아 국가
- 5.9
- 6.0

아세안-5
- 4.8
- 4.9

사하라 이남 아프리카
- 3.2
- 3.6

유럽 신흥국
- 1.8
- 2.5

중동·중앙아시아
- 0.9
- 2.9

중남미
- 0.2
- 1.8

중국
- 6.1
- 5.8

인도
- 6.1
- 7.0

러시아
- 1.1
- 1.9

브라질
- 0.9
- 2.0

남아프리카 공화국
- 0.7
- 1.1

세계 평균
- 3.0
- 3.4

선진국/지역 · 신흥국/지역 · BRICS · 세계평균

■ 2019년도
■ 2020년도 예측

유럽과 미국 경제가 일본화하고 있다.
*일본화(재패니피케이션): 장기간에 걸친 저인플레이션, 저금리 정책 등에 따른 경제 침체 현상을 말한다.

※ 2020년 세계 경제 회복을 이끈 것은 신흥 국가라고 알려져 있지만, 신흥 국가의 경기는 선진국의 영향을 받는 경우가 많아 곧 하강할 가능성이 제기되고 있다.

(출처) International Monetary Fund 「World Economic Outlook Database October 2019」
©BBT Research Institute All rights reserved.

세계적으로 고조되고 있는 정치 리스크

　전 세계적으로 정치 리스크가 높아지는 것 역시 각국 경제 성장률을 동시다발적으로 둔화시키는 요인으로 작용한다[그림 3].

[그림 3] 혼돈의 세계 정세

영국의
EU 탈퇴 문제

홍콩 문제

미·중
헤게모니 다툼

포퓰리즘의
확산

불안정한
중동 정세

【높아지는 정치 리스크에서 비롯되는 세계 경제의 성장률 둔화】
● 무역, 기술 패권을 둘러싼 미·중 갈등으로 초래된 지정학적 리스크의 고조
● 신흥 국가에서 포퓰리즘과 더불어 독재자의 대두
● 드론 등 새로운 기술로 인해 군사적 균형의 변화

주된 요인으로는 다음의 5가지를 꼽을 수 있다.

1) 미·중 간의 헤게모니 Hegemony, 패권 다툼

2) 홍콩 문제

3) 불안정한 중동 정세

4) 브렉시트 Brexit

5) 포퓰리즘 Populism, 인기영합주의 의 급속한 확산

위 요인들에 대해 아래에서 하나씩 살펴보도록 하자.

1) 미·중美·中 간의 헤게모니 다툼

미·중 갈등은 최근 가장 심각한 문제로 부상하고 있다. 미국의 도널드 트럼프 Donald Trump 대통령은 2016년 대통령 선거 때부터 중국인들이 우리의 일자리를 빼앗고 있다며 독자적인 주장을 펼쳤고, 대중국中國 관세 45%를 공약으로 내걸고 취임 이후 관세를 부과하며 강력한 공세를 펼쳐오고 있다[그림 4]. 하지만 이는 그의 외교 정책 조언자인 피터 나바로 Peter Navarro, 캘리포니아대 어바인캠퍼스 교수 의 주장을 그대로 수용한 것에 불과하다. 한편 미국의 실업률은 현재 3% 정도로 거의 완전고용에 가까운 상태에 있다. 다시 말해 미국이 중국인에게 일자리를 빼앗기고 있기는커녕 오히려 일손이 부족한 상태에 놓여 있다는 것이다(단, 코로나19 팬데믹 이후 상황은 달라졌다).

[그림 4] 미·중 간 추가 관세 조치

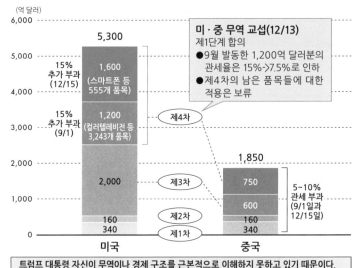

(억 달러)

미·중 무역 교섭(12/13)
제1단계 합의
● 9월 발동한 1,200억 달러분의
  관세율은 15%->7.5%로 인하
● 제4차의 남은 품목들에 대한
  적용은 보류

트럼프 대통령 자신이 무역이나 경제 구조를 근본적으로 이해하지 못하고 있기 때문이다.
● 미국의 실업률은 3% 정도로 거의 완전 고용 상태에 있다.
● 미국 기업이 중국 기업에 발주해서 만든 제품이 미국에 들어오고 있다.

(출처)プレジデント「大前研一の日本のカラクリ 2019/11/29」

　트럼프 대통령의 대중 무역에 대한 인식도 문제의 한 요인으로 지적되고 있다. 물론 숫자만 놓고 본다면 미국의 대중국中國 무역 적자는 60조 엔한화 약670조 원 규모로 확대되었지만 이는 중국 기업이 미국에 자국산 상품을 대량으로 판매함으로써 점유율을 극화시키고 있기 때문만은 아니다.

　미·일美·日 무역 마찰이 극심했던 시기, 일본 기업들이 미국에 진출해 대량으로 상품을 수출하는 바람에 많은 미국 기업들이 도산했다. 그러나 중국 기업의 경우는 이 시기 일본 기업들의 경우와는 다르다. 즉 애플이나 월마트 등 미국 기업이 중국 기업에 발주하여 제조하게 한 제품이 미국으로 수입되고 있는 것이 미국의 대중국中國 무역 적자의 본질적인 원인이다.

따라서 미국이 대중국中國 무역 적자를 줄이기 위해서는 중국 기업이 아닌, 중국에 발주하고 있는 자국 기업에 대한 통제를 강화해야 한다는 의견이 대두되고 있다. 종래의 방법으로는 앞으로 미국이 추구하는 방향으로 양국 간 무역에 관한 합의가 이뤄진다 하더라도 궁극적으로 문제가 해결되기에는 어려운 감이 있다.

한편 로버트 라이트하이저Robert Lighthizer 미국 무역대표부USTR, Office of the United States Trade Representative 대표는 중국이 최근 2년 간 미국으로부터의 수입을 2배로 늘릴 것이라고 말했지만 그럴 가능성은 사실상 '0'에 가깝다. 미국은 무역 협상 테이블에서 언제나 USTR 소속의 멤버를 협상의 선두에 세워 진두지휘하게 했다. 아마 라이트하이저 대표는 중국 문제에 관해 자신이 잘 대처했다고 생각하겠지만 그의 역할은 거기까지이다. 왜냐하면, 실제 국가 간 약속의 이행을 관할하는 것은 USTR이 아닌 상무부이기 때문이다. 한편 현재의 미·중 간 갈등처럼 무역 문제로 미·일이 격렬하게 대립하고 있던 조지 W. 부시 정부 시기, 나는 당시 USTR의 대표를 맡고 있던 칼라 힐스Carla Hills를 미국에서 만난 적이 있다.

"미국이 땅콩이나 쇠고기 수입을 자유화하라고 귀찮게 하니 일본은 어쩔 수 없이 농산품 시장을 개방했습니다. 하지만 정작 우리나라에 들어온 것은 중국산과 호주산 제품들뿐이더군요. 왜 미국은 이렇게나 활짝 개방된 일본 시장을 제대로 개척하지 못하는 건가요." 내가 이렇게 비아냥대자 그녀는 전혀 주눅 들지 않고 코웃음 치며 이렇게 응수해 왔다.

"당신은 아무것도 몰라요. 우리 USTR의 역할은 어디까지나 병뚜껑을 여는 것이지, 뚜껑을 연 후에 어떻게 할지를 결정하는 것은 상무부의 몫이랍니다." 미국이란 이런 속성을 가진 나라이다. 4년이 지나면 정권이 교체되고 대통령과 USTR의 대표 역시 교체된다는 사실을 잘 알고 주어진 역할에만 충실하면 된다는 식으로 행동한다.

2) 홍콩 문제

최근 홍콩 의회에 제출된 범죄인 인도법 개정안에 대해 홍콩 시민들이 민주화를 요구하며 거세게 반발하자 중국 당국이 대응에 나서고 있다. 물론 시진핑習近平 주석의 입장에서는 홍콩이 어떻게 되든 상관없다고 생각할 수도 있을 것이다. 이미 선전深圳의 GDP는 홍콩을 앞질렀고 주하이珠海와 마카오를 잇는 강주아오 대교港珠澳大橋도 개통되었으며 대만과의 평화 통일 구상은 착착 진행되고 있다. 물론 진행되고 있는 것은 구상뿐, 실제로 대만과 통일이 가까워진 것은 결코 아니다. 다만 중국이 홍콩 문제 대응에 힘을 쏟고 있는 현시점에서 대만과의 관계는 후순위로 미뤄둘 수밖에 없다.

서방 국가들은 홍콩에서 일어나는 일련의 사건들을 보며 당국의 인권 탄압 문제를 맹렬하게 비난하고 있지만 중국은 이에 대해서 전혀 개의치 않고 있다. 중국은 설령 언론인이라 할지라도 당국에 대해 불리한 보도를 하면 가차 없이 체포하는 나라이기 때문이다.

중국 내 인권 탄압 문제의 또 다른 대표적인 예시는 티베트자치구에 관한 문제이다. 중국은 이 문제 역시 국제사회로부터 비난받아도 홍콩사태와 마찬가지로 전혀 동요하지 않는다. 오히려 중국 지도부는 티베트를 지속적으로 압박하면 머지않아 저항을 포기할 것이고, 국제사회로부터의 비난도 이내 잠잠해질 것이라고 보고 있다. 아마 중국은 홍콩 문제 역시 티베트나 위구르에서와 같은 전략을 구사할 것임에 분명하다.

신장의 위구르 자치구에서 일어나고 있는 무슬림에 대한 노골적인 인권 침해나 고문도 좋은 예시이다. 언론 보도에 따르면 신장위구르자치구에서는 중국의 지배에 저항하는 위구르인들이 100만 명 이상 억류돼 있다고 하는데, 이에 미국 하원은 이 문제와 관련된 중국 고위층 인사들의 제재를 결의하는 법안을 통과시키는 한편, 중국에 대해 인권 존중과 무슬림 수용소의 폐쇄를 요구했다.

이와 같은 미국의 행보에 대해 중국 외무성 화춘잉華春瑩 대변인은 다음과 같이 반론했다. "미국은 인디언 원주민들을 무력으로 학살하고 그들의 땅을 빼앗아 왔다. 그런 미국이 중국을 비난하는 것은 참으로 파안대소할 일이다."

이 발언은 중국이라는 나라의 본질을 아주 잘 드러낸다. 일본은 미·일 무역 협상 당시 미국이 무언가 요구해 오면 "네, 알겠습니다." 하며 순종으로 일관했던 반면, 중국은 미국의 요구에 대해 맹렬하게 반발한다. 그것도 200년도 더 된 이야기까지 꺼내면서 말이다. 이 점에 대해서는 일본이 중국으로부터 배우는 편이 좋을지도 모르겠다.

3) 불안정한 중동 정세

중동 정세의 불안정에 관해서는 미국도 그 책임에서 결코 자유롭지 못하다. 최근 셰일가스 개발로 단번에 세계 최대 에너지 생산국으로 올라선 미국에게 중동은 더 이상 필요 없는 지역이 되어 버렸다. 이제 중동 지역에서 미국에 중요한 것들은(미국의 내정 문제이기도 한) 이스라엘, 그리고 트럼프 가문과 밀접한 사우디아라비아의 무함마드 빈 살만Mohammed bin Salman 왕세자와의 관계뿐이다. 이는 미국이 아프가니스탄에서 실질적으로 철수하게 되는 원인이 되었다. 그러자 마치 그 공백을 메우듯 러시아와 터키는 중동에서 자국의 위상을 높이기 위해 움직이기 시작했다. 한편 이와 더불어 리비아를 속국으로 만들겠다는 야심을 갖고 있는 이집트도 리비아를 압박하기 시작했다. 이러한 중동 지역의 불안정한 상황은 당분간 지속될 것으로 전망된다.

4) 브렉시트Brexit

브렉시트 문제에 관해서는 보리스 존슨Boris Johnson 총리가 '하드 브렉시트'를 선택할 것으로 생각한다[1]. 다만 현재 영국에는 의사나 연구자 등 전문직에 종사하는 사람들이 유럽 대륙으로부터 대거 와 있기 때문에, 이들이 브렉시트로 인해 국외로 나가 버린다면 영국은 꽤

---

1) 강연 당시 기준. 2019년 12월 12일 선거에서 보수당의 압승을 계기로 브렉시트가 결정되었고, 현재는 EU와 브렉시트 이후의 후속 조치를 협의하는 기간이다.

나 난처한 상황에 처하게 될 것이 분명하다.

이런 상황은 레스토랑 등에서 종사하는 사람들에게도 해당되는 이야기이다. 브렉시트에 찬성하는 사람 대부분은 이민자들이 자신들의 일자리를 빼앗았다고 호소하지만 현실은 이와 사뭇 다르다. 미국과 마찬가지로 영국 역시 현재 사상 최저의 실업률을 기록하고 있어 일자리가 부족하기는커녕 오히려 인력이 부족한 상태이다. 따라서 브렉시트 이후 근로자들의 철수가 현실화된다면 레스토랑 등의 경영이 곧바로 어려워질 것은 불 보듯 뻔한 일이다.

만일 내가 존슨 총리라면 EU와의 브렉시트 협상에서 '스위스형' 방식의 탈퇴를 염두에 두고 협상할 것이다. 여기서 말하는 스위스형이란 다음과 같은 형태를 말한다. 스위스는 현재 EU 회원국은 아니지만 셍겐Schengen협정에는 가입해 있는데, 이 협정에 가입한 유럽 국가 간에는 사람이나 물건이 국경을 넘을 때 출입국 검사가 면제된다. 예컨대 독일에서 스위스로 들어오는 트럭들은 번거로운 국경 검열을 받지 않고 그대로 통과해 이탈리아까지 갈 수 있다는 의미이다. 현재 영국의 슈퍼마켓에서 판매되는 과일과 신선한 식품류 대부분은 스페인과 포르투갈에서 수입되고 있다. 만일 영국이 아무런 대책 없이 이대로 EU로부터 탈퇴한다면 물자를 운반하는 트럭들은 까다로운 출입국 검사 절차 탓에 도버해협에서만 약 2주 동안 체류하게 되어 영국 시장은 대혼란에 빠질 것이다. 이와 같은 대혼란을 방지하기 위해서는 스위스처럼 셍겐협정에 가입하는 방법밖에 없지만, 셍겐협정 가입 협상이 진행 중이라는 소식은 현재까지 들리지 않고 있다.

5) 포퓰리즘의 급속한 확산

　전 세계적으로 포퓰리즘이 확산하고 있다는 것은 의심할 여지가 없는 사실이다. 본래 민주주의 체제가 중우정치나 포퓰리즘으로 변질될 위험성이 있다는 것은 고대 그리스 시대부터 많은 사상가에 의해 증명되었다. 최근 출현한 포퓰리즘 확산의 예시 중 최악은 바로 아메리카 퍼스트를 당당히 공언해 중서부 지역의 가난한 백인 계층 Poor white의 지지를 얻음으로써 당선된 미국의 트럼프 대통령이다. 트럼프 대통령의 당선 사례를 보며 멕시코 퍼스트, 브라질 퍼스트, 헝가리 퍼스트 등 자국 우선주의를 언급하는 '미니 트럼프'들이 세계 각국으로 퍼져가면서 포퓰리즘의 확산은 걷잡을 수 없는 상태가 되고 말았다. 이 밖에는 드론과 같은 신기술이 군사적으로 도입된 것 역시 세계 경제의 불안 요인으로 들 수 있다. 실제로 사우디아라비아에서 가장 큰 규모의 정유소가 드론을 이용한 공격을 받아 일시적으로 석유 생산량이 반 토막 나며 전 세계 유가가 급등하는 사태가 벌어진 바 있다. 드론은 기존 미사일과 달리 아주 낮은 고도로 비행이 가능하기 때문에 방공 레이더에 잘 감지되지 않아 각국 방공부대에게 매우 까다로운 존재로 취급받는다. 만일 드론이 본격적인 전략 무기로 쓰이게 된다면 세계의 군사적 균형도 지금과는 많이 달라질 것이다.

커지는 중국의 영향력

2013년, 중국은 '일대일로一帶一路'구상을 발표했다. 표면적으로는 아시아와 유럽을 육로육지의 실크로드와 해로바다의 실크로드로 연결해 무역을 활성화한다는 것이지만, 중국은 일대일로를 통해 패권국으로의 자리 매김을 노리고 있다[그림 5].

"제국주의 시기 서구 열강들은 자기들 마음대로 타국을 집어삼켜 왔다. 다음은 우리가 돈과 무력을 앞세워 다른 국가들에게서 한몫 뜯어낼 차례다."라는 것이 중국의 신제국주의 선언, 일대일로 구상의 본질이다. 현재 중국이 특히 공을 들이는 지역은 중남미 지역이다. 특히 중국은 브라질의 농산물을 대량으로 사들이는 등 미국의 영향력이 약해진 상황을 틈타 이 지역으로 급격히 침투하고 있다. 중국 정부는 미국에 대해 남미를 마치 앞마당처럼 취급한다며 남미 지역에 대한 미국의 영향력 행사를 비난하지만, 정작 중국의 남미 공략은 더욱 가속화하고 있다.

태평양 국가들에 대해서도 중국은 파죽지세로 진출하고 있다. 2015년에 호주의 노던테리토리Northern Territory주는 다윈항의 항만 관리권을 중국 란차오嵐橋 그룹에 99년간 임대하는 계약을 체결했다.

[그림 5] 전 세계로 확대되는 중국의 영향력

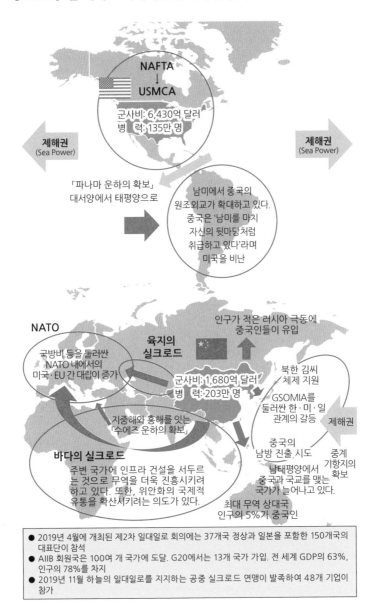

NAFTA
↓
USMCA

군사비: 6,430억 달러
병   력: 135만 명

제해권
(Sea Power)

제해권
(Sea Power)

「파나마 운하의 확보」
대서양에서 태평양으로

남미에서 중국의
원조외교가 확대하고 있다.
중국은 '남미를 마치
자신의 뒷마당처럼
취급하고 있다'라며
미국을 비난

NATO

국방비 등을 둘러싼
NATO 내에서의
미국·EU 간 대립이 증가

육지의
실크로드

인구가 적은 러시아 극동에
중국인들이 유입

군사비: 1,680억 달러
병   력: 203만 명

북한 김씨
체제 지원

GSOMIA를
둘러싼 한·미·일
관계의 갈등

제해권

지중해와 홍해를 잇는
「수에즈 운하의 확보」

중국의
남방 진출 시도

중계
기항지의
확보

바다의 실크로드

주변 국가에 인프라 건설을 서두르
는 것으로 무역을 더욱 진흥시키려
하고 있다. 또한, 위안화의 국제적
유통을 확산시키려는 의도가 있다.

남태평양에서
중국과 국교를 맺는
국가가 늘어나고 있다.

최대 무역 상대국
인구의 5%가 중국인

- 2019년 4월에 개최된 제2차 일대일로 회의에는 37개국 정상과 일본을 포함한 150개국의 대표단이 참석
- AIIB 회원국은 100여 개 국가에 도달. G20에서는 13개 국가 가입. 전 세계 GDP의 63%, 인구의 78%를 차지
- 2019년 11월 하늘의 일대일로를 지지하는 공중 실크로드 연맹이 발족하여 48개 기업이 참가

그러나 이 항구는 미국의 전략적 거점으로 미 해병대가 주둔하고 있어 위와 같은 중국의 움직임에 미국은 강한 불쾌감을 표시하고 있다. 더욱이 호주에는 중국인 이민자가 대량으로 유입되고 있고 그중에는 사업체를 운영하는 사람도 적지 않다. 향후 호주 경제에 있어 중국인들의 영향력이 한층 더 강해질 것은 자명한 일이다. 또한, 중국은 21세기 말 무렵까지 아프리카 대륙에 1억 명의 자국민들을 보내는 것을 계획하고 있다. 개발 원조를 원하는 나라들에게 차이나 머니를 앞세워 자국민들과 기업들을 진출시키는 것으로 자신들의 영향력을 확대하려는 심산이다.

2009년 11월 시진핑 국가주석은 방문지였던 그리스에서 성대한 환영을 받았다. 이는 중국 1위 해운사인 중국원양해운이 그리스 최대 항구인 피레우스항에 6억 유로한화 약 8200억 원를 투자하겠다고 약속했기 때문이다. 중국원양해운은 피레우스항을 유럽 최대의 상업 허브로 삼을 것이라는 포부를 밝혔는데, 그렇게 된다면 조만간 중국 국적 선박이 상당수 입항하게 될 것이다. 피레우스항을 상업 허브로 만들겠다는 그리스의 숙원을 중국이 대신 이뤄주는 셈인데, 이를 그리스가 대대적으로 대접하고 싶은 마음도 어쩌면 당연하다고 볼 수 있다. 이렇듯 세계 각지에서 신제국주의를 착착 추진하고 있는 중국이지만, 남중국해 남사군도南沙群島에서 무리한 암초 매립으로 군사 거점을 만드는 움직임에 대해서는 많은 나라가 의심의 눈초리로 쏘아보며 견제에 나서고 있다.

중국의 신제국주의와 아시아인프라투자은행

신제국주의의 또 다른 기둥은 2015년 중국이 주도하여 발족시킨 AIIBAsia Infrastructure Investment Bank, 아시아인프라투자은행이다. 2019년 12월 기준 가맹국은 100여 개에 달하고 G20에서도 13개국이 참가하고 있으나, 미국과 일본은 여기에 참가하지 않고 있다. 나는 일본이 참여하지 않은 것이 옳은 선택이라고 생각한다. AIIB에 회원국으로 이름을 올린 나라들은 아마 중국이 가진 풍부한 자금을 쓸 수 있는 것에 매력을 느껴 가입한 것이겠지만, 그들 마음대로 중국의 자금을 쓰기는 어려울 것이다. 왜냐하면, 중국은 자금을 풍부하게 가지고 있지만 프로젝트 관리 노하우가 전무한 탓에 야심 차게 추진해 왔던 해외 대형 프로젝트들이 모두 실패한 것이 현실이기 때문이다.

일례를 들자면 인도네시아의 수도 자카르타Jakarta와 서자바West Java 주 반둥Bandung을 연결하는 길이 약 150km의 인도네시아 고속철도 사업이다. 이 프로젝트는 일본의 수주가 거의 결정된 시점에 중국이 불쑥 나타나 인도네시아 정부의 재정 지출과 채무보증 없이 공사를 진행할 수 있다는 파격적인 조건을 제시함으로써 수주전에서 승리한 것이었다. 그러나 이 고속철도는 원래 2015년에 착공해 2019년에 개

통할 계획이었음에도 불구하고 아직까지도 완성에 이르지 못했는데, 토지 수용에 걸리는 시간을 계산에 넣지 않았던 것이 주된 원인으로 지목됐다.

중국 국내의 공사였다면 정부 관료들이 붉은 연필로 지도에 선을 긋는 것만으로도 철도와 도로를 손쉽게 완성했을 것이다. 하지만 해외에서는 이와 같은 방식이 불가능하다. 토지 소유자와 협의해 하나씩 매수하면서 사업을 진행해야 하는 것이 순리이지만, 이러한 프로젝트 추진 노하우가 중국에는 없었던 것이 문제였다.

만일 중국이 AIIB를 정상화하고 싶다면 위와 같은 토지 협의 매수에 관한 노하우 등을 보유한 ADB Asian Development Bank, 아시아개발은행와 손을 잡는 것이 하나의 방법이 될 수 있다. 특히 AIIB의 진리췬金立群 총재는 ADB의 부총재를 맡았던 경험도 있어 ADB와 공동 사업을 추진하는 것은 손쉬운 일일 것이다.

전 세계에서 발생하는 금리 인하와 금융 완화

최근 전 세계적으로 경기 부양을 위한 금리 인하와 양적 완화가 일어나고 있다[그림 6]. 그 선두를 달리고 있는 나라는 다름 아닌 일본으로, 일본은행은 금리를 지속적으로 내려 현재 마이너스 금리를 유지하고 있다. 한편 2019년 11월 총재가 마리오 드라기Mario Draghi에서 크

[그림 6] 일본/미국/유럽 국가의 정책금리 추이

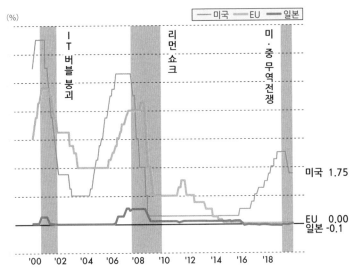

리스틴 라가르드Christine Lagarde로 교체된 유럽중앙은행 역시 제로금리로 금리를 인하하였다.

반면 미국은 현재 약 3%의 실업률을 나타내고 있어 경기가 지나치게 과열되는 것을 막기 위해 2016년부터 금리를 지속적으로 올려왔다. 그러나 최근 트럼프 대통령이 미 연방준비제도이사회FRB, Federal Reserve Board of governors의 제롬 파월Jerome Powell 의장에게 금리를 인하하라고 집요하게 압력을 가하자, 결국 2010년 10월 말 금리를 인하하기로 결정한 바 있다. 다만 파월 의장은 여전히 미국 경기는 여전히 호황기에 있다는 인식을 갖고 있어 아무리 트럼프 대통령에게 위협받더라도 특별한 사정이 없는 한 이 이상의 금리 인하에 그리 쉽게 응하지는 않을 것이라고 생각한다[2].

---

2) 그러나 2020년 3월 15일, 미 연방준비제도이사회는 코로나바이러스의 감염 확산으로 실물경제 악화에 대한 우려가 커지자 사실상의 제로금리 정책과 양적 완화를 단행했다.

MMT의 정당성은 없다

양적 완화에 관해서도 일본은행은 유독 두드러진 움직임을 보인다[그림 7]. 그러나 일본의 경우, 윤전기를 돌려 화폐를 아무리 시장에 투입해도 소비 침체가 계속된 탓에 화폐 수요가 없어 돈이 돌지 않고

[그림 7] 주요국 중앙은행의 총자산

(단위: 조 달러)

2019년 11월 말 시점의 총자산은 440조 엔
미국 연방준비제도이사회(FRB)

유럽중앙은행(ECB)
2019년 11월 말 시점의 총자산은 566조 엔

일본은행
2019년 11월 말 시점의 총자산은 578조 엔

뉴욕주립대학의 스테파니 켈튼 교수는 현대화폐이론(MMT)을 제창. 자국 통화를 갖고 있는 국가는 자국 화폐로 된 국채를 아무리 발행해도 디플레이션에 빠지지 않는다는 이론. 따라서 인플레이션이 되지 않는 한, 재정 적자를 늘려도 상관없다고 주장

있다. 결국, 이를 보다 못한 일본은행은 시중에 있는 남아도는 유동성을 재흡수하는 금단의 수법을 쓰기에 이르렀다. 한편 유럽에서도 일본은행이 하고 있는 것과 같은 일을 유럽중앙은행이 하고 있지만, 이는 지극히 위험한 행위라고 하지 않을 수 없다.

왜냐하면, 만일 또 다시 경제가 인플레이션에 흔들리게 된다면 더 이상 정책적 브레이크가 작동하지 않게 되어 중앙은행이 내부적으로 붕괴해 버릴 수 있기 때문이다. 한편 위와 같은 우려 섞인 목소리에 대해 걱정하지 않아도 된다고 주장하는 사람들도 있다. 이들이 신봉하는 것은 이른바 MMT Modern Monetary Theory, 현대통화이론이다. 이들은 자국의 고유 통화를 가진 나라는 자국 통화로 된 국채를 아무리 발행하더라도 디폴트에 빠지지 않기 때문에 재정 적자를 지속적으로 확대해도 무방하다고 주장한다.

더욱이 이들은 지금의 일본 경제가 보이는 모습이야말로 MMT의 정당성을 증명하고 있다고 주장한다. 비록 GDP의 2배 이상의 채무가 있더라도, 일본의 자금 공급량은 풍부한 상태를 나타내고 있어 국채가 폭락할 기색이 없다는 것 자체는 분명한 사실이다. 하지만 내가 보기엔 일본이라는 나라는 매우 특수한 경우이다. 즉 지금의 일본은 한마디로 표현하면 세계에서 유례를 찾아볼 수 없는 초저욕망超低欲望 사회이기 때문이다.

지금 일본에서 가장 많은 자산을 소유하고 있는 이른바 실버 세대는 어린 시절 '은행에 국민들의 돈을 모아 기업에 투자하여 경제 재건의 원동력으로 삼는다'라는 당시 정부 정책에 따라 절약을 미덕으로 삼아 저축에 힘쓰도록 철저히 교육받아온 세대이다. 따라서 설령 돈이 수중에 있더라도 소비를 자제하는 것이 습관처럼 자리 잡았다.

　더군다나 장기간의 디플레이션으로 불황이 계속되면서 국민들의 사고방식 자체가 비록 앞으로 지금보다 잘 살지는 못하더라도 현상 유지에 만족하는 식으로 바뀌어 버렸다. 더욱이 연금만으로는 살아갈 수 없다는 노후에 대한 불안감이 확산되는 탓에 가면 갈수록 소비는 줄어만 가고 있다. 그 결과 실제로 많은 이가 상당한 자산을 움켜쥔 채 죽음에 이르게 된다.

　이처럼 일본은 매우 특수한 사례이기 때문에 MMT가 유효하게 작용하는 것처럼 보일 뿐, 전혀 다른 국민성을 가진 미국이나 이탈리아에서 동일한 일을 실행한다면 눈 깜짝할 사이에 하이퍼 인플레이션이 초래될 것이 분명하다.

전 세계적으로 악화하는 상장기업의 실적

세계 각국 상장기업들의 실적이 악화되고 있다[그림 8]. 일본 상장기업들의 실적 역시 3년 만에 이익 감소세로 전환되었다[그림 9]. 특히 미·중 무역 마찰의 영향으로 제조업의 부진이 두드러지는 모습을 보이고 있다.

[그림 8] 세계의 기업 실적(전년 동기 대비 순이익)

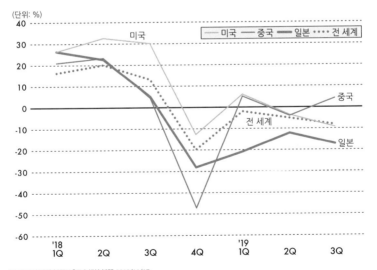

(출처) 日本経済新聞社「日本経済新聞 2019/11/17」

이렇게 되면 필연적으로 주가 역시 하락해야겠지만 실제로는 정반대의 모습을 보이고 있다. 일본뿐 아니라 미국, 유럽에서도 주가는 떨어지기는커녕 상승하고 있다. 그 이유는 바로 세계 곳곳에서 갈 곳을 잃은 채 움직이고 있는 자금들이 넘쳐나고 있기 때문이다. 각국 중앙은행들이 앞서 말한 대로 대대적인 금리 인하에 나서면서 예금금리가 급격히 하락하자 갈 곳을 잃은 자금들이 주식시장으로 몰리게 된 것이다. 덧붙여 중국에 관해서는 [그림 8]의 그래프가 나타내는 상황보다 실제 실적이 더욱 나쁠 것이라고 생각한다.

[그림 9] 일본 업종별 상장기업의 상반기 최종 손익 총액
(신흥시장 · 전력 · 금융 등 제외)

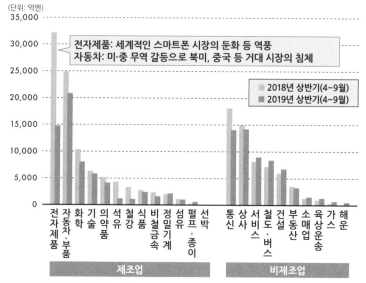

순이익을 크게 늘린 것은 압도적으로 중국 기업

리먼 쇼크 이전과 비교해서 순이익이 10배 이상 늘어난 상장기업을 보면, 중국 기업이 25개사로 압도적인 숫자를 차지한다[그림 10]. 메이디美的그룹, 주하이거리전기珠海格力電器, 장쑤헝루이제약江蘇恒瑞医薬 등

[그림 10] 리먼 쇼크 전과 대비해 순이익을 10배 이상 증가시킨 상장기업

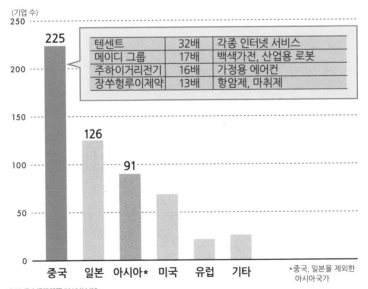

(출처) 日本経済新聞 2019/11/25
©BBT Research Institute All rights reserved.

이 이름을 올리고 있는데, 이 중 역시 주목해야 할 것은 이른 바 'BAT'로 불리는 바이두Baidu, 알리바바Alibaba, 텐센트Tencent 같은 IT 기업의 대두이다.

리먼 쇼크 이전과 비교해 순이익이 10배 이상 늘어난 상장기업은 일본에도 126개사가 있지만, 나는 이 숫자에 대해 다소 괴리감을 느낀다. GAFAGoogle, Amazon, Facebook, Apple 등 불과 수십 개 남짓의 플랫폼 기업들이 이익을 독차지하는 시대가 도래하면서 지금까지처럼 일본 기업이 이익을 획득하는 것은 더욱 어려워질 것으로 전망되고 있기 때문이다.

세계적인 자동차 산업의 쇠락

한편 선진국의 제조업은 부진한 상태이고, 그중 특히 자동차 산업의 추락이 눈에 띄게 나타나고 있다[그림 11].

니혼게이자이 신문은 미국, 일본, 유럽에서 자동차 산업의 주요 메이커에 종사하고 있는 종업원은 현재 약 240만 명으로, 이 중 7만 명

[그림 11] 세계 주요 자동차 기업의 구조조정

■ 최근 1년간의 주요 합리화(기업 정상화) 방안

미국·일본·유럽의 주요 자동차 메이커의 종업원 수는 약 240만 명에 달하며, 이 중 최근 1년 간 7만 명을 넘는 사람을 감원

GM(미국)	미국 공장 폐쇄 등	1만 4,000명 감원
닛산자동차(일본)	2022년까지 총생산 능력의 10%를 감축	1만 2,500명 감원
포드(미국)	유럽 제5공장을 재편	1만 2,000명 감원
폭스바겐(독일)	독일 공장 라인을 전기자동차 생산으로 전환하면서 인원을 감축	7,000~8,000명 감원

■ 자동차 산업의 구조 변화

① 세계 신차 판매 시장이 침체
② 차세대 기술과 환경 규제 대응에 필요한 비용이 증가
③ 2050년경 차량 수요가 포화될 것으로 예상
④ 부품 숫자가 적은 EV로의 전환으로 자동차 조립에 필요한 인원이 감소

(출처) 日本経済新聞 2019/11/16、ほかより作成

을 넘는 인원이 앞으로 1년 안에 정리해고될 것이라고 보도했지만 아마 이 정도 규모의 정리해고로 끝나지는 않을 것이다.

지금 자동차 산업은 거대한 구조 변화의 과정에 직면하고 있다. 이러한 변화를 초래한 가장 큰 원인은 바로 자동차의 EVElectronic Vehicle, 전기자동차화다. EV는 기존 내연기관 차량에 비해 필요한 부품의 숫자가 압도적으로 적다. 그뿐만 아니라 앞으로 카 셰어링Car Sharing, 차량 공유 서비스가 보편화됨으로써 자동차 판매 대수는 대폭 줄어들 것으로 예상된다. 이러한 점들을 고려할 때 자동차 산업에 필요한 종업원 수는 현재의 10분의 1 이하로도 충분할 것이다. 따라서 앞으로 EV의 보급이 본격화되면 해고될 종업원의 숫자는 100만 명을 가뿐히 넘길 것으로 생각한다.

EV화와 더불어 자동차 업계에서의 또 다른 화두는 바로 자율주행이다. 이 분야에서는 중국과 미국이 치열한 경쟁을 벌이고 있다. 현재 기술적으로 가장 앞선 기업은 구글의 자율주행차 개발 부문을 담당하고 있는 웨이모Waymo다. 웨이모는 이미 1천만 마일을 초과하는 자율주행차 주행 테스트를 진행했는데, 자율주행은 데이터 수집량에 비례해서 운전 정밀도가 높아진다는 점에 비추어 볼 때 주행거리에서 월등히 앞선 웨이모가 이 분야에서 두각을 보이는 것은 당연하다. 한편 미국의 자동차 메이커 GM도 디트로이트에 위치한 광대한 부지에서 미시간대학교와 손잡고 자율주행 시험 데이터를 축적하고 있는 것으로 알려졌다.

EV 분야에서 미국과 선두 자리를 놓고 다투고 있는 중국 역시 이에 뒤지지 않는다. 중국의 경우 지자체장이 허가하면 일반 공공도로

에서도 자율주행차를 운행할 수 있기 때문에, 선전深圳에서는 이미 자율주행 트럭과 버스가 돌아다니고 있다. 이에 비해 일본에서는 2009년 2월에 DeNA가 닛산자동차와 협력해 요코하마横浜시 미나토미라이港未來 지구에서 한 달 동안 무인 운전차를 이용한 온 디맨드On Demand 배차 서비스의 기술 실증 실험을 실시했지만, 여러 규제들이 산적한 일본에서는 이 수준이 고작이다. 일본은 한때 하이브리드 자동차 분야에서는 선두를 달렸지만, EV나 자율주행차 분야에서는 상당히 뒤처져 있는 것이 현실이다.

실물경제를 제대로 반영하지 못하고 있는
세계 주식시장

　세계의 주식시장이 호조를 보이고 있다[그림 12]. 이론적으로 주가는 장래 예상되는 기업의 수익을 금리와 기업 수익 증가율로 나누어 현재 가치로 환산한 것인데, 현재 기업의 실적이 나날이 나빠지고 있어 예상되는 기업 수익 전망은 밝지 않다. 그럼에도 앞서 말했듯 주식시장은 오름세를 보이고 있다. 즉 현재의 주가는 실물경제를 정확하게 반영하고 있다고 말할 수 없다. 생각건대 이런 괴리는 트럼프 대통령이나 아베구로_{아베 총리와 일본은행 구로다 총재를 이르는 말}가 촉발시킨 양적 완화에 의한 유동성이 주식시장에 유입되고 있기 때문일 것이다.

　미국의 경우 이러한 과잉 유동성이 부동산으로도 유입되고 있다. 일본에서는 젊은 세대들 사이에서 집은 구입해도 부담이 될 뿐 자산이 되지 않는다는 인식이 널리 퍼져 있기 때문에 초저금리에도 불구하고 부동산이 남아도는 실정이지만, 미국인의 경우 그렇지 않다. 미국의 경우, 예컨대 과장 직급에 있는 사람들 중 집을 여러 채 가진 사람이 적지 않고, 자신이 거주하지 않는 기간 동안에는 세를 놓기까지 한다. 이때 임차인을 찾고 주택을 유지·보수하는 것은 매니지먼트 컴퍼니가 대행해 준다.

[그림 12] 과거 최고치를 기록한 세계의 주식시장(1985년 1월~)

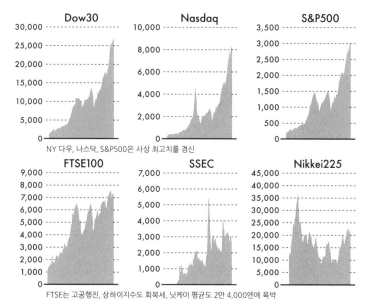

NY 다우, 나스닥, S&P500은 사상 최고치를 경신

FTSE는 고공행진, 상하이지수도 회복세, 닛케이 평균도 2만 4,000엔에 육박

버블 무렵에 번화했던 일본의 에치고 유자와, 타테시나, 이즈 고원, 아타미 등 별장이 많은 지역을 방문하면 빈집만이 눈에 띄지만, 나는 일본에 미국과 같은 매니지먼트 컴퍼니가 존재하지 않는 것이 이런 상황을 초래한 원인이라고 생각한다.

세계적 자본으로 늘어나는
벤처기업의 자금 조달액

세계적인 과잉 유동성의 증가로 최근 몇 년 사이 규모가 작은 벤처 기업도 자금을 조달하기 쉬운 여건이 조성되었다[그림 13].

[그림 13] 벤처기업의 자금 조달 규모

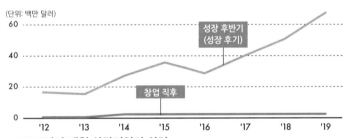

■ **2019년의 대형 상장기업의 실적**

회사명	사업 내용	최종 이익
아람코	국영석유회사	4조 9,350억 엔
우버 테크놀로지	배차 서비스	▲ 5,756억 엔
핀터레스트	사진 공유 사이트	▲ 1,274억 엔
리프트	차량 공유	▲ 708억 엔
Slack Technologies	비즈니스 대화 앱	▲ 391억 엔
비욘드 미트	대체육 제조	▲ 10억 엔

2019년 4~6월 기준. 아람코는 2019년도 상반기 기준. Slack은 2019년 5~7월 기준

(출처) 日本経済新聞 2019/10/23

하지만 2019년 기준 상장기업들의 주가는 상장했을 당시와 비교해 하락한 기업이 많은데, 이런 어려운 상황에도 불구하고 전도유망한 기업이 간혹 발견된다. 내가 주목하고 있는 기업은 미국 캘리포니아에 본사를 둔 비욘드 미트Beyond Meat이다. 이 회사의 주력 상품은 바로 진짜 고기와 같은 질감과 맛을 가진 식물성 대체육인데, 최근 미국과 유럽 지역에서 건강에 대한 관심이 커지면서 채식주의자가 증가하고 있는 추세에 있어 이들을 위한 시장이 지속적으로 확대될 것으로 기대된다.

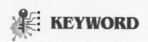

KEYWORD

세계 금융 위기

2008년 9월에 일어난 미국 리먼 브라더스의 경영 파탄을 계기로 야기된 세계 금융 불안을 말한다. 리먼 쇼크라고도 한다.

미·중 무역 전쟁

미국과 중국 두 나라 사이의 수출입 품목과 관세율에 관한 분쟁을 말한다. 2018년 7월, 미국이 중국으로부터의 수입품 818개 품목, 340억 달러 상당의 품목에 대해 25%의 추가 관세 조치를 실시하자, 중국도 즉시 동일한 금액의 미국으로부터의 수입품 545개 품목에 25%의 추가 관세로 대응했다. 이후 미국이 중국으로부터의 수입품에 관세를 부과하자, 중국도 즉시 보복 관세로 대응하고 있다. 미·중 무역 마찰이라고도 한다.

미·일 무역 마찰

미국과 일본 사이의 수출입에 관한 경제 마찰을 이르는 말. 1960년대에는 섬유, 70년대에는 철강과 컬러 텔레비전, 80년대에는 자동차, 반도체, VTR 등이 주로 문제가 되었다. 그때마다 일본은 미국으로부터 수출의 자발적 규제와 미국에서의 현지 생산 등을 강요당해 이에 대처해 온 바 있다.

미 무역대표부_{USTR, Office of the United States Trade Representative}

미국의 통상 정책 전반을 담당하는 특별 기구. 그 대표는 대통령 직속의 장관급 직책이자 외교 교섭권을 부여받는다.

하드 브렉시트 Hard Brexit

영국이 EU와의 후속 무역 협정이 체결되지 않더라도 EU에서 탈퇴하는 것.

셍겐협정 Schengen Agreement

가맹국 역내_{셍겐 영역}에서의 사람이나 물건의 이동의 자유를 보장하는 협정. 1985년에 룩셈부르크의 셍겐에서 프랑스, 독일, 벨기에, 네덜란드, 룩셈부르크의 5개국이 조인한 후 스페인, 포르투갈이 가입해 1995년에 발효되었다. 또한, 이탈리아, 그리스, 아이슬란드, 오스트리아, 스웨덴, 덴마크, 노르웨이, 핀란드가 가맹국으로 이름을 올렸다. 1997년 암스테르담 조약이 발효됨으로써 EU의 법적 테두리 안에 통합되었다.

도버해협

영국 남동단과 프랑스 북단을 사이에 둔 폭 30~180km의 해협. 프랑스에서는 칼레해협이라고 부른다.

포퓰리즘Populism

대중의 열정에 치우쳐 지지를 얻으려는 정치 수법이나 운동. 대중영합, 중우정치, 선동정치라고도 불린다.

푸어 화이트 Poor White

미국의 백인 저소득층을 낮추어 부르는 호칭.

남사군도南沙群島

남중국해 남부에 위치한 제도諸島. 스프래틀리 제도라고도 한다. 중국, 대만, 베트남, 필리핀, 말레이시아, 브루나이가 전체 또는 일부 지역의 영유권을 주장하고 있다.

아시아개발은행ADB, Asian Development Bank

1986년 아시아의 경제 개발 촉진을 목적으로 설립된 국제은행. 본부는 마닐라에 있다. 현재 68개 국가를 회원국으로 두고 있으며, 최대 출자국은 일본과 미국이다.

미 연방준비제도이사회 FRB, Federal Reserve Board of Governors

미국의 중앙은행인 연방준비제도의 중추기관을 이르는 말.

현대화폐이론MMT, Modern Monetary Theory

자국 통화를 가진 나라는 자국 통화로 된 국채를 아무리 발행해도 디폴트에 빠지지 않는다는 이론. 뉴욕 주립대의 스테파니 켈튼 교수 등에 의해서 주장되고 있다.

메이디 그룹美的集团, Media Group

중국 광둥성에 본사를 둔 중국의 대형 가전업체. 소품 가전, 일반 백색 가전을 주로 생산한다.

주하이거리전기珠海格力電器, Gree Electric of Zhuhai

중국의 대형 가전 메이커. 세계 굴지의 주택 에어컨 메이커이기도 하다.

장쑤헝루이제약江苏恒瑞医药, Hengrui Medicine

중국의 대형 의약품 메이커. 주력 제품은 각종 항암제, 수술용 마취제, 조영제이다.

바이두Baidu

중국의 최대 검색 엔진이다.

알리바바Alibaba **그룹**

중국 최대의 전자상거래 기업. 마윈Jack Ma이 1969년에 창업.

텐센트Tencent

중국 IT 대기업. 1998년에 마화텅Pony Mar이 창업.

웨이모Waymo

알파벳 산하 자율주행차 개발회사. 2016년에 구글로부터 자율
주행차 개발 부문이 분사하여 설립되었다.

아베구로安倍黒

아베 신조安倍三晋 총리와 구로다 하루히코黒田東彦 일본은행 총재에
의한 금융 완화 정책의 통칭. 아베노믹스의 세 개의 화살과 일본
은행의 금융 정책을 그 내용으로 한다.

비욘드 미트Beyond Meat

2009년에 현 사장인 에단 브라운이 창업한 식품회사. 인공고기
의 제조 및 개발을 진행하고 있다. 이 회사에는 빌 게이츠와 레오
나르도 디카프리오가 투자하고 있다.

비건vegan

고기뿐 아니라 달걀, 우유, 치즈 등 유제품도 먹지 않는 완전한
채식주의자.

제2장

세계 정세의 동향
- 분열하는 세계

자국 우선주의와 포퓰리즘으로 인한 중우정치 확산

[그림 14]의 세계 지도를 봐주었으면 한다. 자국 우선주의와 포퓰리즘이 전 세계를 뒤덮고 있음을 알 수 있다.

동구권 국가에서는 시진핑 중국 국가주석, 블라디미르 푸틴 러시아 대통령, 북한 김정은 위원장은 물론이고 서방 국가에서도 미국의 트럼프 대통령을 필두로 영국의 존슨 총리, 브라질의 보르소나로 대통령, 멕시코의 오브라도르 대통령, 필리핀의 두테르테 대통령 등 미 퍼스트Me First를 공공연히 주창하는 정치인들이 대중들로부터 인기를 끌고 있다. 이처럼 포퓰리즘이 세계적으로 확산하는 추세에 있다.

한편 과거 노벨평화상을 받아 높이 평가받았던 미얀마의 지도자 아웅산 수치 국가고문 겸 외교장관은 이슬람계 소수민족인 로힝야족 박해 혐의로 국제사법재판소 법정에서 피고로 전락하고 말았다. 에르도안 터키 대통령 역시 총리 시절에는 훌륭한 정치인으로 평가받았지만 현직 대통령으로 집권한 이후 독재색이 갈수록 짙어지고 있다. 또한, 한국의 문재인 대통령은 북한과의 평화 무드 조성과 대일본日本 강경 기조로 취임 초기 인기를 끌었지만 국내 복잡한 해결 현안에 대한 이견이 많아 국민의 지지 회복에 애로를 겪고 있는 것으로 보인다.

[그림 14] '자국우선주의'와 '포퓰리즘'이 확산하는 세계

① 영국/존슨 총리	⑦ 한국/문재인 대통령
브렉시트 추진	남북통일, GSOMIA 연장

② 터키/에르도안 대통령	⑧ 필리핀/두테르테 대통령
독재 경향이 짙어지는 한편, 2019년 6월 이스탄불 시장 선거에서는 야당 후보가 승리	마약 퇴치, 건강 상태 악화

③ 러시아/푸틴 대통령	⑨ 태국/쁘라윳 총리
트럼프 대통령의 보호주의 무역 정책을 비판. 독일의 이민 정책을 비판. 터키에 접근	군사정권이 독자적인 움직임을 강화

④ 중국/시진핑 국가주석	⑩ 미얀마/윈민 대통령
일대일로, 홍콩 문제, 위구르 문제	민주화와 경제 개혁 3년차에 접어들며 경제 성장률이 다소 저하

⑤ 일본/아베 총리	⑪ 인도/모디 총리
교육 무상화, 세금 인하, 벚꽃을 보는 모임	5월 하원 선거에서 여당이 대승, 제2차 모디 정권 출범

⑥ 북한/김정은 위원장	⑫ 이집트/시시 대통령
핵 개발, 체제 유지	4월 국민투표로 2030년까지 임기 연장, 장기 독재화

⑮ 베네수엘라/마두로 대통령
정치 부패, 경제 정책 실정으로 경제 붕괴

⑬ 아르헨티나/페르난데스 대통령	⑯ 멕시코/오브라도르 대통령
IMF에 대한 강경파 마틴 구스만 씨를 경제장관으로 지명	부패·마약조직 단속, 연금 확충

⑭ 브라질/보르나르소 대통령	⑰ 미국/트럼프 대통령
아마존 삼림 화재 방치. 과격한 발언으로 브라질의 트럼프라고 불림	아메리카 퍼스트, 대중국(中國) 추가 관세, EU에 대해서도 과세 검토

아베 신조 일본 전 총리도 미 퍼스트Me First로 분류되는 지도자일 것이다. 그는 가스미가세키 관료의 인사권을 거머쥐고 관료기구를 장악함으로써 모리토모·가케나 벚꽃을 보는 모임 등 연이은 스캔들로 '권력의 사유화'라는 야당의 지적을 받아도 귀를 틀어 막았었다. 한편 아베 정권은 '일본을 되찾는다', '디플레이션 탈출', '지방 활성화', '1억 총 활약' 등 매년 새로운 슬로건을 내걸었지만 여전히 눈에 띄는 실적을 내지 못했다. 아마 아베 전 총리는 후세의 사람들에게 '모리·가케 벚꽃 재상'이라는 조롱 섞인 평가를 받을 것이 분명하다.

삼권분립이 위태로운 미국의 민주주의

삼권분립은 민주주의의 근간을 이루는 보편적인 기본 원리이다.

일본과 영국은 의원내각제를 채택해 입법부인 국회와 행정부인 정부가 서로 강하게 연계되어 있는 반면, 대통령제인 미국은 입법, 행정, 사법 권력이 매우 엄격하게 분리되어 있다. 그러나 2017년 제45대 미국 대통령에 취임한 도널드 트럼프는 취임 후 불과 3년 만에 민주주의의 기반인 삼권분립을 완전히 파괴해 버렸다[그림 15].

멕시코 국경 장벽 건설, TPPTrans-Pacific Partnership, 환태평양경제동반자협정, NAFTANorth American Free Trade Agreement, 북미자유무역협정, 파리협정, NATONorth Atlantic Treaty Organization, 북대서양조약기구 탈퇴 발표결국, NATO 탈퇴는 하지 않았다, 북미 정상회담 결정, 중국에 대한 관세 부과 등 중요한 정책을 의회에 상정하지 않은 채 독자적인 판단으로 '대통령령'으로서 트위터에 멋대로 발표하고 있다. 더구나 자신의 의견에 반대하는 각료는 무조건 해고하는 바람에 렉스 틸러슨Rex Tillerson 전 국무장관이나 제임스 매티스James Mattis 전 국방장관 같은 우수한 인재들이 자꾸 사라지고 어느새 정부 내에는 트럼프 가문만 남아 있는 상황이 되어 버렸다.

삼권분립의 기둥 중 하나인 사법부에도 큰 문제가 있다. 미연방

[그림 15] 미국 트럼프 정부의 삼권분립 · 민주주의 상황

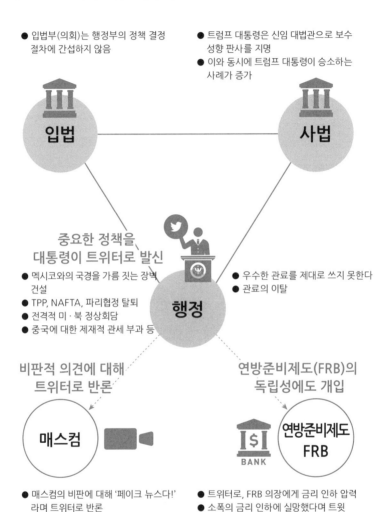

- 입법부(의회)는 행정부의 정책 결정 절차에 간섭하지 않음

- 트럼프 대통령은 신임 대법관으로 보수 성향 판사를 지명
- 이와 동시에 트럼프 대통령이 승소하는 사례가 증가

입법 — **사법**

중요한 정책을 대통령이 트위터로 발신
- 멕시코와의 국경을 가름 짓는 장벽 건설
- TPP, NAFTA, 파리협정 탈퇴
- 전격적 미 · 북 정상회담
- 중국에 대한 제재적 관세 부과 등

행정

- 우수한 관료를 제대로 쓰지 못한다
- 관료의 이탈

비판적 의견에 대해 트위터로 반론

매스컴

연방준비제도(FRB)의 독립성에도 개입

연방준비제도 FRB

- 매스컴의 비판에 대해 '페이크 뉴스다!' 라며 트위터로 반론
- 오피니언 리더, 지식인이라고 불리는 사람들을 철저히 무시

- 트위터로, FRB 의장에게 금리 인하 압력
- 소폭의 금리 인하에 실망했다며 트윗
- FRB 의장을 해임할 권한은 자신에게 있다고 발언
- 사임하겠다면 말리지 않겠다며 자진 사임 압력

(출처) 大前研一 『日本の論点2020~21』大前研一著 ほかより作成

대법원의 대법관의 구성은 트럼프가 대통령에 취임했을 당시만 해도 보수 성향 4명, 진보 성향 4명, 중도 성향 1명으로 균형 잡혀 있었다. 그러나 대법관 사망과 은퇴로 공석이 생기자 트럼프 대통령이 그 자리에 주저 없이 보수 성향의 대법관을 지명함으로써 현재는 진보 성향 4명과 보수 성향 5명으로 구성되어 있다. 그 결과 연방대법원의 판결이 보수 성향을 띄게 되면서 트럼프 대통령에게 유리한 판결을 내놓고 있다.

트럼프 대통령, 중앙은행 정책에도 개입

　이러한 이상異常 사태를 규탄하고 올바른 방향을 제시하는 것이야 말로 제4의 권력인 언론의 역할일 것이다. 하지만 트럼프 대통령은 아무리 언론에 공격받아도 전혀 개의치 않는다. 오히려 그는 자신에게 불편한 것은 모두 "가짜 뉴스fake news!"라고 성토하며 매장해 버리고 있다. 러시아 게이트 의혹을 추궁하는 400페이지에 달하는 상세한 리포트가 나와도 일일이 검증하지 않고 '페이크'라는 한마디로 끝을 맺었다. 또한, 우크라이나 스캔들 의혹에 대해서도 200페이지에 걸친 증거가 제시됐음에도 불구하고 "국민은 나를 믿고 있다. 그런 나를 헐뜯는 바보 같은 소리를 하는 민주당은 역사적 수치다."라고 일축하고 말았다.

　경제 정책 역시 마찬가지다. 저명한 경제학자 폴 크루그먼Paul Krugman이 트럼프 행정부의 경제 정책이 가진 결함을 논리적으로 지적해도 트럼프 대통령은 "데이터가 낡았다, 머리가 이상하다."라며 전혀 귀를 기울이지 않는다. 게다가 독립성이 담보되어 있어야 할 중앙은행의 정책에 대해서도 트럼프 대통령은 주저 없이 개입한다.

　미국의 경기가 좋은 이유는 금리가 다른 나라에 비해 높아 자금을 달러로 운용하는 것이 좋다고 판단한 투자자들의 자금이 미국으로 유입되고 있기 때문이다. 그러나 경제 분야 지식이 부족한 트럼프 대통령은 트위터를 통해 연방준비제도의 파월 의장에게 정부의 채무비용 삭감을 위해 금리를 낮추라고 요구했다. 더욱이 "연방준비제도 의장을 해임할 권한은 자신에게 있다.", "사임할 거면 말리지 않겠다."라고 잇달아 압박하면서 결국 파월 의장은 금리를 내리지 않을 수 없게 된 것이다.

세계로 뻗어 나가는 트럼프 베놈_{Venom}의 영향

　독사나 전갈 등이 분비하는 독을 베놈_{Venom}이라고 하는데 아무래도 트럼프 대통령도 강렬한 베놈의 소유자인 것 같다. 그는 취임 이후 이 베놈으로 미국의 삼권분립, 언론의 견제 기능, 중앙은행의 독립을 깨뜨렸다. 관료, 의회, 군의 시스템도 트럼프 베놈에 당하고 있다[그림 16].

　① TPP 탈퇴, ② 파리협정 탈퇴, ③ 이란 핵합의 파기, ④ NAFTA북미자유무역협정 파기, ⑤ NATO북대서양조약기구 비용 부담 요구, ⑥ 이란 위기를 부추기고 무기를 판매, ⑦ 대만을 치켜세우며 무기를 판매, ⑧ 북핵 이슈를 선거 도구로 활용, ⑨ 멕시코 국경에 거대한 장벽 건설 등 트럼프 대통령의 막무가내 외교의 맹독은 국제 공조와 세계 질서의 틀을 파괴했다. 더욱이 이 독은 미·중 관계의 긴장도 고조시키고 있다. 특히 트럼프 베놈은 민주당, 언론, 지식인 등으로부터 나오는 의견과 비판을 금세 무력화하는 효과까지 있어 더욱더 골칫덩이이다.

　2020년 11월에는 미국 대통령 선거가 치러지므로 어쩌면 트럼프의 명운도 여기에서 끝나고, 다음에는 제대로 된 인물이 대통령으로 뽑힐지도 모른다. 하지만 그럼에도 불구하고 미국은 원래와 같은 상

[그림 16] 트럼프 베놈의 영향

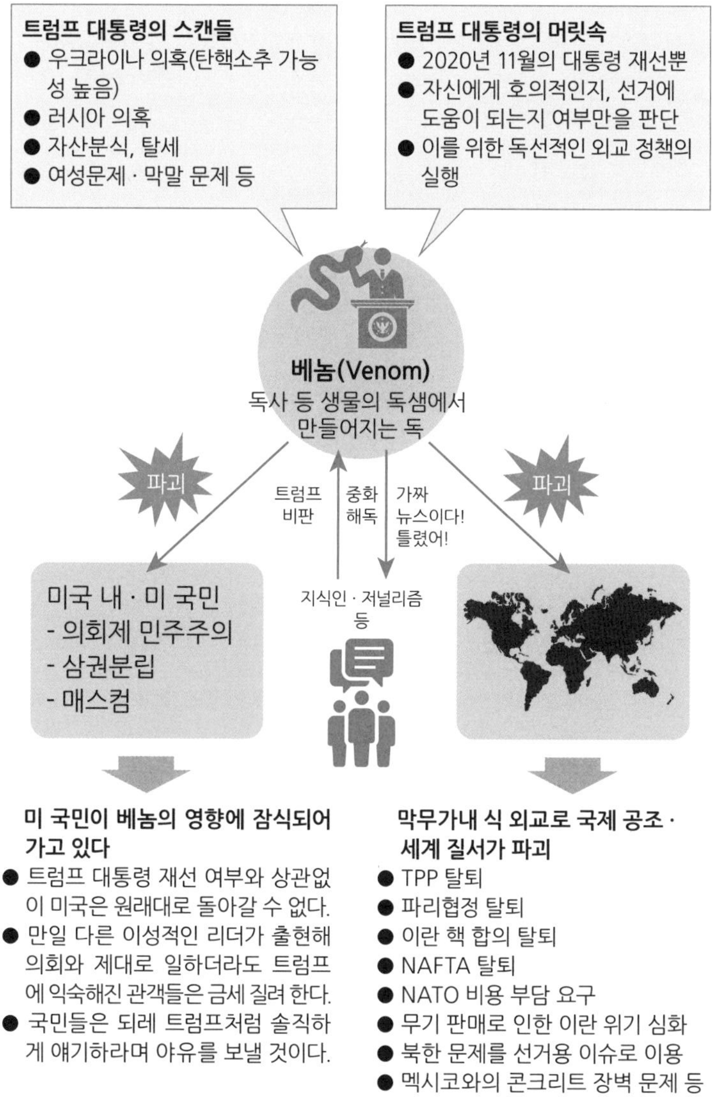

트럼프 대통령의 스캔들
● 우크라이나 의혹(탄핵소추 가능성 높음)
● 러시아 의혹
● 자산분식, 탈세
● 여성문제 · 막말 문제 등

트럼프 대통령의 머릿속
● 2020년 11월의 대통령 재선뿐
● 자신에게 호의적인지, 선거에 도움이 되는지 여부만을 판단
● 이를 위한 독선적인 외교 정책의 실행

베놈(Venom)
독사 등 생물의 독샘에서 만들어지는 독

파괴

트럼프 비판 중화 해독 가짜 뉴스이다! 틀렸어!

파괴

미국 내 · 미 국민
- 의회제 민주주의
- 삼권분립
- 매스컴

지식인 · 저널리즘 등

미 국민이 베놈의 영향에 잠식되어 가고 있다
● 트럼프 대통령 재선 여부와 상관없이 미국은 원래대로 돌아갈 수 없다.
● 만일 다른 이성적인 리더가 출현해 의회와 제대로 일하더라도 트럼프에 익숙해진 관객들은 금세 질려 한다.
● 국민들은 되레 트럼프처럼 솔직하게 얘기하라며 야유를 보낼 것이다.

막무가내 식 외교로 국제 공조 · 세계 질서가 파괴
● TPP 탈퇴
● 파리협정 탈퇴
● 이란 핵 합의 탈퇴
● NAFTA 탈퇴
● NATO 비용 부담 요구
● 무기 판매로 인한 이란 위기 심화
● 북한 문제를 선거용 이슈로 이용
● 멕시코와의 콘크리트 장벽 문제 등

(출처) 大前研一 『日本の論点2020~21』大前研一 著ほかより作成
©BBT Research Institute All rights reserved.

태로 돌아오지는 않을 것이다. 쉽게 낫지 않을 만큼 트럼프 베놈은 이미 미국 국민의 정신을 좀먹어 버린 것이다.

예컨대 차기 대선에서 오바마 전 대통령 같은 이성적인 인물이 선출되어 의회와 잘 타협하면서 국정을 운영하려 해도, '트럼프 쇼'에 익숙해진 국민들에게는 아쉬움이 남을 것이다. 결국, 차기 대통령은 처음엔 사람들에게서 이제야 정상화됐다면서 환영 받더라도 얼마 지나지 않아 "겉치레하지 마라.", "트럼프처럼 자기 생각을 속 시원히 이야기하라."라는 야유를 받을 수밖에 없을 것이다. 앞으로 미국 국민은 오랫동안 트럼프를 대통령으로 선출한 대가를 치르게 될 것이 틀림없다.

영국에서는 보수당이 대승을 거두며
브렉시트를 결정

2019년 12월 12일 영국에서는 총선거가 실시되어 브렉시트Brexit를 정면에 내건 보수당이 승리했고, 그 결과 2020년 1월 31일 영국은 공식적으로 EU를 탈퇴했다[그림 17].

다만 이는 보수당의 주장에 국민들이 지지를 보냈다기보다 노동당이 자멸한 느낌이 강하다. 제레미 코빈Jeremy Corbyn 노동당 당수는 브렉시트에 대해 "우리 당은 브렉시트를 반대한다. EU에 잔류해야만 한다."라고 분명하게 말해야 했지만, 결국 당론을 하나로 결집시키지 못한 채 오히려 당 내부에 브렉시트 찬성파가 생기게 만들고 말았다. 이는 리더십이 부족한 코빈 노동당 당수가 당 내부를 제대로 정리하지 못한 탓이다.

이런 국면에서 코빈 당수는 "내가 총리로 선출되면 다시 EU와 협상을 벌여 존슨보다 더 나은 브렉시트 조건을 끌어낼 것이다. 그 뒤에 브렉시트 여부를 묻는 국민투표를 한 번 더 실시하겠다."라는 참으로 미적지근한 공약을 내걸었다. 이래서는 노동당이 도대체 무엇을 하고 싶은 것인지 국민 입장에서는 알 길이 없다. 그 탓에 간단명료하게

[그림 17] 영국 의회 민주주의 기능의 불완전한 상황

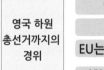

영국 하원 총선거까지의 경위	영국 정부는 EU에 탈퇴 기한 연기를 요청
	의회가 탈퇴 협정 표결 결과를 먼저 송부
	EU는 2020년 1월 31일까지의 탈퇴 기한 연기를 승인
	의회는 2019년 12월 12일 의회 해산과 총선거를 승인

● 국민투표 이후 국민 여론의 변화가 정책 결정 과정에 전혀 반영되지 않고 있음
● 영국 양당제가 불완전한 기능에 빠지면서 의회는 아무것도 결정할 수 없게 되어
버림

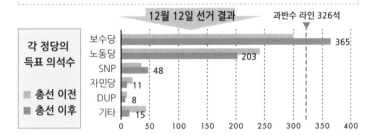

12월 12일 선거 결과

과반수 라인 326석

각 정당의
득표 의석수

■ 총선 이전
■ 총선 이후

보수당 365
노동당 203
SNP 48
자민당 11
DUP 8
기타 15

향후 브렉시트 관련 움직임

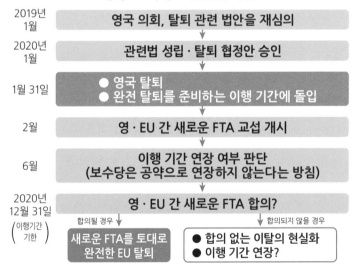

2019년 1월	영국 의회, 탈퇴 관련 법안을 재심의
2020년 1월	관련법 성립·탈퇴 협정안 승인
1월 31일	● 영국 탈퇴 ● 완전 탈퇴를 준비하는 이행 기간에 돌입
2월	영·EU 간 새로운 FTA 교섭 개시
6월	이행 기간 연장 여부 판단 (보수당은 공약으로 연장하지 않는다는 방침)
2020년 12월 31일 (이행기간 기한)	영·EU 간 새로운 FTA 합의?

합의될 경우
새로운 FTA를 토대로
완전한 EU 탈퇴

합의되지 않을 경우
● 합의 없는 이탈의 현실화
● 이행 기간 연장?

(출처) 上／日本経済新聞、BBC他、下／日本経済新聞 ©BBT Research Institute All rights reserved.

브렉시트를 주장한 보수당이 유권자들의 선택을 받은 것이다.

　민주주의 말기에는 이런 현상이 자주 일어난다. "A이기도 하고 B이기도 하지만, 우리는 C다."라고 하는 말은 그것이 설령 올바른 것일지라도, 국민에게 지지받지 못한다. 그보다는 "이 방법 밖에 없다."라고 한 가지를 확실하게 딱 잘라 말할 수 있는 후보가 이기는 것이다. 예컨대 일본에서도 2005년 고이즈미 준이치로_{小泉純一郎} 전 총리가 우정민영화 단 하나만을 공약으로 내걸어 중의원 선거에 압승한 바 있다.

크게 약진한 스코틀랜드 국민당

특이할 만한 변화도 있다. 2019년 12월 12일 실시된 총선에서 스코틀랜드 국민당이 대폭 의석을 늘린 것이다. 스코틀랜드에서는 2014년 영국으로부터의 분리 독립을 의제로 한 주민투표를 실시했지만 55%의 반대표로 부결된 바 있다. 따라서 영국으로부터의 독립 문제는 봉합된 것으로 여겨졌으나 이후 영국이 EU에서 탈퇴할 가능성이 높아지자 상황이 달라졌다. 특히 스코틀랜드 국민당의 니콜라 스터존Nicola Sturgeon 당수가 2019년 12월 선거 기간 중 영국이 EU에서 탈퇴하면 재차 독립을 묻는 주민투표를 하겠다고 선언하면서 주민투표 실시가 가시화되고 있다. 산업혁명 발상지이기도 한 스코틀랜드는 역사적으로도 잉글랜드의 지배를 원치 않았기 때문에 단독으로 EU의 일원이 되고 싶다는 염원을 강하게 표현해 왔다.

그러나 EU에 가입하기 위해서는 영국을 포함한 28개 회원국의 승인이 필요하기 때문에 영국으로부터의 분리 독립이 설령 가결되었다고 해도, 상식적으로 스코틀랜드의 EU 가입을 영국이 승인할 리는 만무하다. 이런 공공연한 사실 때문에 지난 주민투표에서는 독립 의지를 꺾은 사람이 많았다.

그러나 2019년 12월 영국 총선에서 브렉시트를 주장하는 보수당이 승리할 가능성이 생기자 많은 스코틀랜드인은 한 번 더 주민투표를 실시해 이번에야말로 독립을 쟁취하자고 결의를 다지게 되었고, 그 결과 49개 선거구 중 48개에서 스코틀랜드 국민당이 승리했다. 이는 만일 보수당이 승리해 영국이 EU에서 탈퇴하면 스코틀랜드의 EU 가입에 반대할 만한 다른 회원국이 없을 것이라는 계산에서 비롯된 결과로 보인다.

　　그렇게 된다면 북아일랜드 역시 영국으로부터 독립해 같은 민족으로 구성된 아일랜드와 함께하는 길을 선택할 것이다. 만일 영국이 EU로부터 탈퇴한다면 아일랜드와의 왕래가 어려워지므로 북아일랜드 입장에서는 EU 회원국인 아일랜드와 손잡는 것이 이익이 되기 때문이다. 웨일스 또한 럭비 경기 이외에는 대부분 스코틀랜드와 행동을 함께하기 때문에 북아일랜드, 스코틀랜드와 마찬가지로 독립운동이 일어날 것임을 쉽게 예상할 수 있다. 요컨대 잉글랜드의 EU 탈퇴를 계기로 영국United Kingdom은 해체의 길로 향할 것이다.

브렉시트가 일본에 미치는 영향

브렉시트가 실행되면 일본 역시 적지 않은 영향을 받게 된다. 소니와 파나소닉 등 200여 개의 일본 기업이 웨일스 지역에 진출해 있기 때문이다. 특이한 점은 잉글랜드보다 웨일스 지역에 더 많은 일본 기업들이 진출해 있는데, 이는 일본인과 웨일스인의 성향이 비슷해 사업을 전개하기 용이하기 때문이라고 알려져 있다.

또한, 앞서 말한 바와 같이 영국은 '하드 브렉시트Hard Brexit'로 인해 하루 12,000대의 트럭이 통과하는 도버해협에서 트럭들을 일일이 검열해야 하는 문제에 직면하게 되는데, 이 경우 유럽 대륙에서 영국으로 들어가는 데만 족히 2주는 걸린다는 계산이 나온다.

그렇다면 앞으로 어떤 일이 벌어질까? 영국은 채소나 과일의 대부분을 스페인이나 포르투갈로부터의 수입에 의존하고 있기 때문에 슈퍼마켓의 신선 식료품 매장의 선반이 텅 빈 모습을 보게 될 것은 불 보듯 뻔하다. 또한, 유럽 대륙과 영국 간에 노동 인력의 이동이 제한되면서 의사나 간호사의 수도 부족하게 될 것이다. 그제서야 영국인들은 하드 브렉시트의 냉엄한 현실을 인지할 것임에 틀림없다.

이를 방지하기 위해서는 스위스처럼 셍겐협정을 맺어 출입국 검열 절차가 면제되도록 하는 수밖에 없지만 EU를 탈퇴하려는 영국이 이점만 취하려는 것을 EU가 수수방관하지 않을 것이 분명하기에, 영국은 앞으로 여러 어려움을 겪게 될 것이다.

EU의 맹주 독일과 독일의 국내 동향

   독일은 헬무트 콜Helmut Kohl, 앙겔라 메르켈Angela Merkel 등 우수한 총리
가 집권했지만 현재 어려운 국면에 처해 있다. 메르켈이 2018년 기독
민주당의 당수직에서 퇴임하고, 2021년에는 수상 퇴진을 표명했기 때
문이다[그림 18]. 다름 아닌 EU의 맹주 독일조차도 최근 국내 정세가 불안
정해짐과 동시에 국제무대에서의 존재감마저 하락하고 있는 것이다.

   메르켈의 총리 후계자로 오랫동안 지목되어 온 인물로는 당수 겸
국방장관 크람프 카렌바워Kramp Karrenbauer가 있지만, 그녀의 지지도는
전혀 높아지지 않고 있다2020년 2월, 카렌바워는 당수직 사임을 표명하였다. 그 대신 후
계자로 부상하고 있는 인물로는 이미 한때 메르켈의 정적으로 여겨
졌던 전 연방의회 원내총무 프리드리히 메르츠Friedrich Merz와 또 다른
다크호스로 여겨지는 보건장관 옌스 슈판Jens Spahn이 있다.

   한편 최근 독일에서는 독일을 위한 대안이라는 신생 정당의 약진
이 눈에 띈다. 극우 성향의 이 당은, "동독 출신 국민은 실업률이 여
전히 높다. 아직 옛 서독 수준의 생활 수준이 확보되지 않았는데 왜
자꾸 난민들을 받아들이느냐."라며 메르켈 총리라면 절대 입에 올리
지 않을 과격한 발언을 한다. 그러나 이런 점이 오히려 옛 동독 지역

[그림 18] 독일 국내 동향

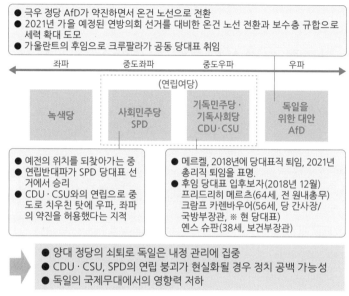

● 극우 정당 AfD가 약진하면서 온건 노선으로 전환
● 2021년 가을 예정된 연방의회 선거를 대비한 온건 노선 전환과 보수층 규합으로 세력 확대 도모
● 가울란트의 후임으로 크루팔라가 공동 당대표 취임

좌파 　　 중도좌파 　　 중도우파 　　 우파

(연립여당)

| 녹색당 | 사회민주당 SPD | 기독민주당 · 기독사회당 CDU·CSU | 독일을 위한 대안 AfD |

● 예전의 위치를 되찾아가는 중
● 연립반대파가 SPD 당대표 선거에서 승리
● CDU · CSU와의 연립으로 중도로 치우친 탓에 우파, 좌파의 약진을 허용했다는 지적

● 메르켈, 2018년에 당대표직 퇴임, 2021년 총리직 퇴임을 표명.
● 후임 당대표 입후보자(2018년 12월) 프리드리히 메르츠(64세, 전 원내총무) 크람프 카렌바우어(56세, 당 간사장/국방부장관, ※ 현 당대표) 옌스 슈판(38세, 보건부장관)

➡ ● 양대 정당의 쇠퇴로 독일은 내정 관리에 집중
● CDU · CSU, SPD의 연립 붕괴가 현실화될 경우 정치 공백 가능성
● 독일의 국제무대에서의 영향력 저하

(출처) 週刊エコノミスト 2019/11/12 ©BBT Research Institute All rights reserved.

에서 높은 지지를 받아 의석 숫자를 꾸준히 늘리고 있다. 특히 최근에는 보수층을 끌어들이기 위해 정당의 정체성을 극우에서 온건보수 쪽으로 변화시키고 있는데, 이는 향후 기독민주당이나 사회민주당과의 연립을 염두에 둔 것으로 보인다.

사회민주당은 이른바 '슈뢰더 개혁'을 실행했던 게르하르트 슈뢰더 Gerhard Schroder 전 총리가 당수를 지냈던 당이다. 사회민주당은 한때 침체기를 보내다 최근에 들어서 전성기 시절의 당세를 되찾아 가고 있다. EU의 맹주 독일이 이대로 맹주의 위치를 지키지 못한다면 EU의 상황이 악화될 수 있기 때문에, 독일의 국내 정세에 대해서는 2020년에도 지속적으로 주시할 필요가 있다.

[그림 18] 독일 국내 동향

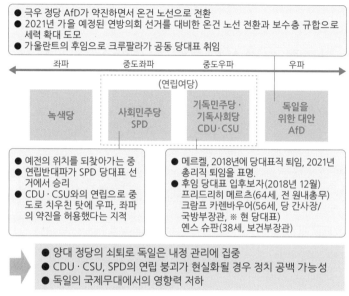

(출처) 週刊エコノミスト 2019/11/12 ©BBT Research Institute All rights reserved.

에서 높은 지지를 받아 의석 숫자를 꾸준히 늘리고 있다. 특히 최근에는 보수층을 끌어들이기 위해 정당의 정체성을 극우에서 온건보수 쪽으로 변화시키고 있는데, 이는 향후 기독민주당이나 사회민주당과의 연립을 염두에 둔 것으로 보인다.

사회민주당은 이른바 '슈뢰더 개혁'을 실행했던 게르하르트 슈뢰더 Gerhard Schroder 전 총리가 당수를 지냈던 당이다. 사회민주당은 한때 침체기를 보내다 최근에 들어서 전성기 시절의 당세를 되찾아 가고 있다. EU의 맹주 독일이 이대로 맹주의 위치를 지키지 못한다면 EU의 상황이 악화될 수 있기 때문에, 독일의 국내 정세에 대해서는 2020년에도 지속적으로 주시할 필요가 있다.

EU의 맹주 독일과 독일의 국내 동향 95

마크롱 프랑스 대통령과 프랑스 국내 동향

　프랑스에서는 엠마뉘엘 마크롱Emmanuel Macron 대통령이 구조 개혁을 추진하고 있다[그림 19]. 마크롱 대통령은 매우 똑똑한 인물이며, 나는 그의 말에 대부분 동의한다.

[그림 19] 프랑스 국내 동향(마크롱 대통령이 진행하는 구조 개혁)

개혁	내용	세부 내용
재정 개혁	거시 목표를 수치로 설정	재정수지 대비 GDP 목표비율 설정
	공무원 감축과 채용	12만 명 규모 감축
	연금제도 개혁	연금제도 일원화, 직업별로 지급 기준이 다른 불평등 제거
노동 시장 개혁	해고 규제 완화	기업의 해고요건 완화
	임금 규제 완화	기업 단위로 임금 결정
	노동시장 상한 완화	주 35시간 이상의 노동 허용
	고용보험 확충	구직자에 대한 고용보험 확충
세제 개혁	법인세 감세	33%에서 25%로 인하
	세액 공제	사회보험료 감액에 통합
	부유세 감세	부동산에 한정
	일반사회세 증세	7.5%에서 9.2%로 증세
	금융소득 감세	30%로 일률 적용
기타	AI 투자전략	기업 지원, 연구기관 설립 등

- 구조 개혁(노동시장 개혁, 재정·세제 개혁)에 착수하자 노란 조끼 운동 등 항의 활동이 다발, 실업률 또한 상승해 지지율이 크게 하락
- 연금 개혁으로 80만 명이 항의 데모, 파업으로 철도망 마비(파리에서 시위대의 일부는 폭도화)
- 노란 조끼 운동의 재발 움직임

엠마뉘엘 마크롱은 2017년의 프랑스 대통령 선거에서 기성 정당으로부터 일체의 지원을 받지 않고 독자적으로 출마했는데, 대다수 예상과 달리 선거에서 압승하는 이변을 낳았다. 게다가 국회의원 선거에서는 각 선거구에 '앙 마르슈En Marche'라는 자신이 창당한 정당의 후보를 내세워 과반수를 확보하며 안정적인 정권을 창출하는 데 성공했다. 다만 2020년 5월 취임 3년 차를 맞이하는 마크롱 대통령의 국정 운영에 대한 반발의 움직임이 점차 커져가고 있다.

최근 마크롱 대통령은 사르코지Sarkozy 전 대통령이나 올랑드Hollande 전 대통령이 외면했던 정책들을 실행했다. 엘리트 출신인 마크롱 대통령은 그러한 정책들이 지금의 프랑스에게 반드시 필요한 정책임을 강조하며 강력하게 추진하고 있지만, 국민의 부담을 증가시키는 내용을 담고 있어 여론의 불만이 커지고 있다. 예컨대 경유, 휘발유 가격 인상과 연료세 인상을 실시할 때 마크롱 대통령은 휘발유보다 경유 가격 인상 폭을 크게 책정했다. 그러자 경유 자동차의 보유 비율이 높은 지방의 저소득자들이 "서민들을 버릴 작정이냐!"라며 분노의 목소리를 높였고, 이러한 불만은 결국 '노란 조끼 운동'으로 이어졌다.

연금제도 개혁 역시 마찬가지이다. 마크롱의 대선 공약이었던 연금 재정 건전화는, 종래 직종별이었던 연금 제도를 일원화하여 연금 수급 개시 연령을 현재의 62세에서 점진적으로 64세로 끌어올린다는 내용으로 구체화되어 발표됐다. 그러자 이에 반대하는 노조의 대규모 파업과 시위가 빈발하며 결국 철도망이 마비됐고, 파리에서는 시위대 일부가 폭도화되는 사태로 악화됐다.

유럽연합과 유럽의 논점

　이처럼 현재 EU는 꽤나 불안정한 상태에 있다. 예전의 유럽이었다면 문제가 생겨도 독일과 프랑스가 공조하여 행동을 취했을 것이다. 프랑스의 데스탱d'Estaing 전 대통령과 독일의 슈미트Schmidt 전 총리, 프랑스의 미테랑Mitterand 전 대통령과 독일의 콜Kohl 전 총리 집권 당시 프랑스와 독일의 리더는 팀을 이뤄 문제가 생겨도 적시에 기민하게 대처하였다. 하지만 지금은 과거처럼 적극적인 국제 공조와 행동을 이끌어갈 리더십을 보유한 지도자가 보이지 않고 있다. 한편 현재 유럽에서 논점이 되고 있는 주요 과제로서는 6가지가 있다[그림 20].

1) 브렉시트Brexit

　2019년 12월 치러진 영국 국회의원 총선거에서 존슨 총리가 이끄는 보수당이 승리함으로써 영국의 EU 탈퇴가 결정되었다. 한편 이를 계기로 향후에도 탈퇴를 택하는 EU의 회원국이 추가로 나올 가능성도 있다. 만일 브렉시트 이후에도 영국이 안정적으로 자리를 잡는다면

[그림 20] EU · 유럽 국가들과 관련된 논점

■ EU 회원국
■ 가입 협상 진행 중인 국가
　(세르비아, 몬테네그로, 터키)
■ 가입을 목표로 준비 중인 국가
　(북부 마케도니아, 알바니아)

온실가스 제로
- 폰데라이언 신임 유럽위원장은 환경 대책 강화를 시사, 2050년까지 온실가스 배출을 실질적으로 0으로 하는 내용의 법안을 준비
- 화석연료 의존도가 높은 동유럽 4개국(체코, 폴란드, 헝가리, 에스토니아)가 반대

유럽연합 의회 내 EU 반대파의 약진
- 영국, 프랑스, 이탈리아에서 EU 반대파 정당이 제1당으로 군림
- 유럽의회 전체에서도 중도우파 정당이 의석수를 잃으며 우파 · 환경 정당의 의석이 증가

브렉시트
- 존슨 총리가 이끄는 보수당이 승리
- 2020년 1월 말 EU 탈퇴
- EU 전체의 분열을 일으키는 계기

디지털 과세
- 프랑스가 G20, OECD보다 앞서 디지털 과세 실행
- 트럼프 대통령은 이에 미국 기업들에 대한 부당한 차별 과세라며 프랑스산 와인 · 유제품에 보복 관세 부과

NATO
- 마크롱 대통령이 NATO를 뇌사 상태라고 표현
- 메르켈 총리는 유럽을 우리들만의 힘으로 지키는 것은 불가능하며 유럽은 나토에 의존하고 있다며 반론

EU 신규 가입국 승인 문제
- 북마케도니아, 알바니아의 EU 가입 협상을 둘러싼 대립
- 프랑스, 네덜란드, 덴마크는 EU 가입국 확대에 신중
- 독일을 포함한 다른 나라들은 EU 확대에 전향적인 자세

- 프랑스는 마크롱 리스크를 제어할 수 없게 될 가능성이 있다.
- EU 내에서도 마크롱은 취급 주의로 여겨지고 있다.

EU 탈퇴를 고려하는 나라가 연이어 나올 것이 예상된다. 이 때문에 EU의 입장에서는 영국이 안정적으로 자리 잡는 것을 용인하지 않고 탈퇴 후유증으로 고통받는 것을 보고 싶을 것이다.

2) 디지털 과세

프랑스는 G20과 OECD 국가들보다 앞서 디지털 과세GAFA 과세를 시행했다. 이에 대해 트럼프 미 대통령은 "프랑스의 디지털 과세는 미국 기업에 대한 부당한 차별세"라고 격하게 반발했고, 대응 조치로 프랑스 생산품와인·유제품 등에 약 24억 달러 상당의 보복 관세를 부과한다고 발표했다. 이에 프랑스도 "미국이 제재를 가할 경우, EU 역시 보복할 것이다."라고 선언하며 사태는 진흙탕 싸움의 양상을 보이고 있다.

3) NATONorth Atlantic Treaty Organization, 북대서양조약기구

마크롱 프랑스 대통령은 영국『이코노미스트지』의 인터뷰에서 서방 국가 간 공조가 훼손되고 있는 점, 회원국 터키가 시리아를 일방적으로 공격한 것을 언급하며 "유럽의 방위를 더 이상 미국에만 의존할 수 없다. 이미 NATO는 뇌사 상태에 있다."라고 언급했다. 이에 메르켈 독일 총리는 유럽을 우리들만으로 방어하는 것은 불가능하며

NATO의 존재는 필수적이라고 반박했고, 트럼프 미국 대통령도 마크롱의 뇌사 발언에 대해 매우 무례하고 위험한 생각이라며 강하게 반발했다. 지금 EU에 있어서 마크롱 대통령은 리스크 요인으로 여겨지고 있다.

4) 유럽의회 내 반 EU파의 약진

최근 반 EU파의 약진이 눈길을 끌고 있다. 영국, 프랑스, 이탈리아에서는 각각 '브렉시트당', '프랑스 국민연합', '동맹' 등 반 EU파 정당이 제1당이다. 유럽의회 전체에서도 중도파 정당이 의석을 잃고 우익 정당과 환경 정당이 의석을 늘리는 형국이다.

5) 온실가스 제로

독일 방위장관을 지낸 우르줄라 폰데어라이엔Ursula von der Leyen은 2019년 7월 유럽 위원장에 취임하자 곧바로 지구 온난화 대책에 전력을 다하겠다고 선언하고 "유럽을 위한 그린 딜" 캠페인을 시작했다. 게다가 그녀는 "2050년까지 EU의 온실 효과 가스 배출량을 제로로 감축한다."라고 선언하며, 이를 입법화하기 위한 작업을 목전에 두고 있다. 하지만 화석연료 의존도가 높은 체코, 폴란드, 헝가리, 에스토니아 등 동유럽 4개국은 이에 반대하고 있다.

한편 지구 온난화 대책에 관해서는 2009년 12월에 스페인 마드리드에서 개최된 COP25기후변화협약 제25회 체결국 회의에서도 논의된 바 있다. 그러나 자국의 석탄 산업을 보호해야 하는 입장에 있는 미국이나 오스트레일리아 등은 온난화 가스의 삭감에 비협조적이었다. 이 때문에 각국은 온난화 가스 삭감 목표를 높이는 데는 찬성했지만 최종적으로 이를 의무화하는 것에는 이르지 못하고, 삭감 목표를 권고하는 선에서 그치게 되었다.

6) EU 신규 가입 승인 문제

북마케도니아와 알바니아의 EU 가입 협상이 좀처럼 타결되지 않고 있다. 2019년 10월 정상회의에서도 프랑스, 네덜란드, 덴마크가 난색을 표해 위 2개 국가의 EU 가입 승인이 유보되었다. 더욱이 2019년 12월 파리에서는 러시아, 우크라이나, 독일, 프랑스 등 4개국 정상이 회담을 가졌는데, 이는 2015년에 벨라루스 민스크에서 조인된 '동부 우크라이나에서의 분쟁의 정전에 관한 협정 이행'에 관한 것이었다. 이곳에서는 푸틴 러시아 대통령과 젤렌스키 우크라이나 대통령이 직접 대화를 나누기도 했다. 이들은 2019년 말까지 휴전하는 것과 포로 교환 문제에서 합의하는 성과를 냈지만, 결국 친러파가 실효적으로 지배하고 있는 지역에 관해서는 이번에도 역시 합의하지 못했다.

중국의 경제 규모와 경제 성장 요인

2000년대 무렵부터 급격하게 성장하기 시작한 중국은 2019년 들어 경제 성장률이 6%대로 다소 둔화되었지만, 경제 규모에서 미국이나 EU를 따라잡는 것은 시간문제로 보여진다[그림 21-상단]. 한편 중국의 경제 성장의 요인으로서는 다음의 6가지를 꼽을 수 있다[그림 21-하단].

첫 번째는 14억 명에 달하는 인구이다. 거대한 인구 때문에 "먼저 잘살 수 있는 사람은 뒤돌아보지 말고 잘살자."라는 덩샤오핑이 주창한 선부론先富論이 사회적 공감대를 형성했고 경제 성장 드라이브로도 이어졌다.

둘째는 바로 붉은 자본주의[1]이다. 중국에선 "공산당 만세"라고만 해놓으면 마음 놓고 돈벌이에 몰두할 수 있다. 알리바바 같은 초거대 기업이 출현하거나 앤트 파이낸셜처럼 시민의 신용등급을 마음대로 조정하더라도, 그 누구도 이에 불만을 제기할 수 없다. 왜냐하면, 중국 당국에 거스르지 않는 한 돈벌이에 관한 규제는 아무것도 존재하지 않기 때문이다. 이런 상황은 산업혁명 직후의 영국이나 1990년경에 2차 산업이 비약적으로 성장했던 미국의 상황과 비슷하다.

---

1) 역자 주: 공산주의 국가가 자본주의 경제 체제를 택하는 것을 의미

[그림 21] 중국의 경제 규모

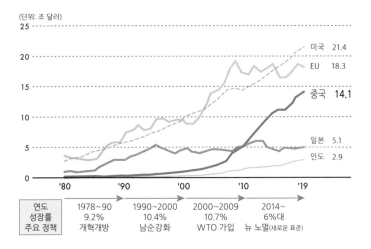

(단위: 조 달러)

미국	21.4
EU	18.3
중국	**14.1**
일본	5.1
인도	2.9

연도 성장률 주요 정책	1978~90 9.2% 개혁개방	1990~2000 10.4% 남순강화	2000~2009 10.7% WTO 가입	2014~ 6%대 뉴 노멀(새로운 표준)

중국 경제성장의 요인

거대한 인구
인구가 거대한 만큼 선부론에 기반한 경쟁 역동성 상승이 경제 성장을 이끌었다.

중국의 자본주의
알리바바와 같은 거대 기업에 대한 규제가 없다. '공산당 만세'라고만 말하면 정부는 기업에 대해 간섭하지 않기 때문에 자본주의의 화신과도 같은 수법이 통용된다.

저렴한 노동력
3억 명에 달하는 농민공(농촌 출신 노동자)의 도시 유입은 저렴한 노동력 공급으로 이어졌다.

공산당 일당 독재
중국은 전체주의 체제이기 때문에 중앙정부의 한마디 명령으로 정책 추진이 가능하다.

하이테크, 유니콘 기업의 두각
거대 IT 기업 'BATH'가 대두. Byte Dance, 디디추싱, DJI, 로율 등 유니콘 기업이 101개사로 증가했다 (2019년 12월 기준).

일본보다 훨씬 앞선 지방자치
아래 3개의 조건에 저촉되지 않는 한 지자체장은 무엇을 하든 간섭받지 않는다.
1. 3년 연속 경제 성장률 7% 미만 달성
2. 파업이나 폭동을 방치하는 것
3. 부정부패

(출처) 上／International Monetary Fund 「World Economic Outlook Database October 2019」、
下／プレジデント「大前研一の日本のカラクリ 2019/12/13」 ©BBT Research Institute All rights reserved.

셋째는 값싼 노동력이다. 중국은 농촌 가구와 도시 가구로 나뉘어져 있는데, 개혁개방 이후 가난한 농촌 지역 사람들이 값싼 노동력_농민공으로서 도시로 지속적으로 유입되고 있다. 넷째는 공산당 일당 독재이다. 나는 한때 보시라이薄熙來가 중국 다롄大連 시장으로 재임하고 있을 때 시장의 자문역을 맡은 적이 있다. 하루는 일본에 온 그와 도쿄의 고층 빌딩에 있는 레스토랑에서 중국 요리를 먹고 있는데, 갑자기 보시라이 시장은 눈 아래의 경치에 눈을 돌리더니 이렇게 말했다. "오오마에 선생님, 왜 일본은 거리 구획을 깔끔하게 정리하지 않고 이렇게 번잡한 상태로 놔두는 겁니까? 저라면 석 달만 있으면 아주 깔끔하게 정리할 수 있습니다."

도쿄에서야 그럴 수 없지만 중국의 경우는 다르다. 지도에 붉은 연필로 선을 그어 "여기서 여기로 도로를 통과시킨다.", "이곳에는 상업 건물을 짓겠다."라고 하면 그대로 지어지는 것이다. 실제로 그는 그렇게 해서 그의 도시를(적어도 겉모습만큼은) 아름다운 거리로 바꿔 놓았다. 중국에서 공산당은 절대적인 힘을 갖고 있고, 더구나 땅은 모두 당의 소유여서 당국에게 "이 땅에서 나가!"라는 말을 들으면 그 누구도 거역할 수 없다. 이는 모두의 의견을 고려하지 않으면 진행할 수 없는 민주주의보다 비민주주의에서(적어도 개발도상국에 있어서는) 개발 속도가 현저히 빠르다는 것을 단적으로 보여 준다.

다섯 번째는 하이테크, 유니콘 기업의 대두이다. BATH_{바이두, 알리바바,}텐센트, 화웨이를 필두로 거대 IT 기업이 속속 등장하고 있다. BATH란, Baidu_{바이두}, Alibaba_{알리바바}, Tencent_{텐센트}, Huawei_{화웨이}의 각각 앞 글자를 딴 것이다. 또 평가 총액 10억 달러 이상의 유니콘 기업에는,

ByteDance TikTok 개발사, 적적출행, DJI, 로욜 등 10개 회사가 포함되어 있다 2019년 12월 기준.

여섯째는 일본보다 지방자치제도가 훨씬 앞서 있다. 일본에는 잘 알려지지 않았지만 중국에서는 지방자치단체장과 서기에게 막강한 권한이 주어진다. 간단히 말해 무엇을 하든 그 누구도 간섭하지 않는다는 의미이다. 일본처럼 교부금을 받기 위해 항상 중앙정부의 눈치를 볼 필요가 없는 것이다. 지방자치단체장의 자체적인 판단에 따라 외국계 기업을 유치하는 것도, 토지를 임대하는 것도 자유로워 성장도 빠르다.

다만, 아래의 3가지만큼은 터부시된다.

첫 번째는 경제 성장률에 관한 것이다. 2년 연속으로 7%를 달성하지 못하면 옐로카드, 3년 연속일 경우 레드카드로 퇴장 실직당한다. 두 번째는 파업이나 폭동의 방치, 이를 통제하지 못하면 당으로부터 해임당한다. 셋째는 부정과 부패인데, 이 역시 발견 즉시 해임되는 사유이다.

중국의 인권 문제에 대한 미국의 행보

　중국은 국제사회로부터 인권 문제에 대해 종종 지적받지만, 이에 대해 중국은 내정간섭이라며 개선의 자세를 전혀 보이지 않고 있다[그림 22]. 한편 2009년 4월 홍콩 정부는 범죄인 인도법도망범 조례 개정안을

[그림 22] 중국 인권문제에 대한 미국의 내정간섭

신장 위구르 자치구
미국 하원이 2019년 12월 3일 가결시킨 위구르 인권법은, 신장 위구르 자치구에서 일어나는 무슬림 소수민족 탄압과 관련된 당국자에 대한 제재를 내용으로 한다.

대만
2018년 3월에는 미국과 대만 상호 교류 활성화를 취지의 대만 여행법이 미국 하원에서 초당적으로 발의되어 가결됐다.

티벳 자치구
미국 의회에서 2018년 12월에 '티벳 상호 입국법안'을 가결. 중국이 미국의 외교관이나 저널리스트의 티벳 입국을 제한할 경우, 그러한 조치에 관련된 중국 당국자의 미국 입국을 금지하는 것을 내용으로 한다.

홍콩
'도망범 조례' 개정안의 통과로 일국양제의 붕괴 우려가 현실화. 한편 2019년 11월, 트럼프 대통령이 홍콩의 민주화를 지원하는 '홍콩 인권·민주주의법'에 서명하였다.

의회에 제출하였다. 이는 중국이 홍콩에 대해 범죄 사건 용의자의 신병 인도를 요구할 수 있도록 하겠다는 내용을 골자로 하는 법안이다.

이로 인해 1997년 영국으로부터 홍콩을 반환받을 때 약속한 일국양제—國二制가 사실상 붕괴될 것이라는 불안감이 시민들 사이에서 확산되었고, 곧 대규모 항의 시위가 발생했다. 아직까지도 홍콩에서의 민주화 운동은 수습되지 않고 있다. 한편 이에 대해 2009년 11월 미국의 트럼프 대통령이 홍콩의 민주화 운동을 지지하는 '홍콩 인권 및 민주주의 법안'에 서명하자, 중국 정부는 강력히 반발하며 홍콩 문제에 대한 미국의 내정간섭에 단호히 반대한다는 성명을 발표한 바 있다.

생각해보면 이는 중국의 입장에서는 당연한 행동이다. 중국은 반환받을 당시부터 홍콩을 자국의 일부로 간주하고 있었고, 중국 당국은 반환 시 약속한 일국양제, 즉 고도의 자치를 50년간 인정하는 조항에 관해서도 50년간 체제를 변경하지 않는 것이 아니라 50년에 걸쳐 중국과 동일하게 처우한다는 의미로 생각하고 있었기 때문이다. 따라서 홍콩에서 중국 국기를 게양할 때 부동자세로 국기에 경의를 표하지 않으면 그 즉시 중국 법률에 의해 체포된다. 범죄 용의자의 중국으로의 인도에 관해서도, 중국의 관점에서 볼 때 홍콩 반환으로부터 이미 23년이 지났으므로 중국의 법과 제도에 따르는 것은 너무나 당연하다고 생각할 것이다.

시진핑 국가주석은 아마도 홍콩이 너무 건방진 태도를 보인다면 이탈리아의 고대 도시 폼페이가 갑자기 화산 폭발로 소멸된 것처럼 단번에 소멸되어 버려도 괜찮다고 생각할 것이다. 선전深圳이 세계적인 IT 도시로 크게 성장한 지금에 와서 홍콩의 존재는 중국에게 그다지 크지 않기 때문이다.

신장 위구르 자치구에서 일어나는 무슬림 탄압 또한 내정 문제의 하나이고, 더욱이 탄압이 아닌 교화를 위한 행위라는 것이 중국 당국의 인식이다. 이에 미국 하원은 이와 관련된 중국 고위층 인사들의 제재를 내용으로 하는 법안을 통과시켰고 중국 정부에는 인권 존중과 무슬림 수용소 폐쇄를 요구했다. 그러나 이에 대해 중국 외교부 대변인이 "미국이야말로 개척 시대에 원주민을 수백만 명이나 죽였으면서 우리를 비난할 자격이 있느냐."라고 강한 어조로 반발한 것은 전술한 바와 같다.

티베트 자치구에서도 중국은 한족을 대량으로 보내 티베트족을 억압하고 있다. 한편 2018년 미국은 티베트 문제에 대해 하원에서 "중국 정부가 미국 관리, 언론인을 포함한 미국인의 티베트 출입을 규제할 경우, 그와 관련된 중국 당국 관리의 방미를 거부한다."라는 취지의 상호 입국 법안을 가결했다. 또한, 2018년 대만에 관해서도 미국과 대만 각료, 정부 고위 당국자의 상호방문 활성화를 목적으로 한 대만 여행법을 공화당과 민주당이 초당적으로 통과시킨 바 있다.

중국의 문제를 해결하는 방법인 중화연방 구상

실타래처럼 얽힌 중국의 문제들을 해결하는 방법으로 내가 생각한 것은 바로 중화연방이라고 하는 구상이다[그림 23]. 영어로 하면 커먼웰스 오브 차이나Commonwealth of China이다[2].

[그림 23] 중화연방 구상

'중화연방(Commonwealth of China)' 구상

베이징을 맹주로 하여 홍콩, 대만, 싱가포르 등을 포함하는 연방 국가 체제. 영연방의 경우처럼 독립적인 주권국가들로 이루어진 강력한 국가연합을 구축, 중국의 국가주석은 영국의 엘리자베스 여왕처럼 군림하되 통치하지 않고 가맹국들에게 정치적인 간섭을 하지 않는다.

이 구상의 실행으로 홍콩 문제는 단번에 해결할 수 있고, 더욱이 티벳, 신장 위구르, 내몽골 자치구 등에도 홍콩이나 대만과 동일한 레벨의 자치를 보장함으로써 원만히 문제를 해결할 수 있다.
2047년까지 실현할 수 있다면 홍콩은 오래도록 번영함과 동시에, 인근 선전(深圳)을 이용해 '그레이터 베이 지역(Greater Bay Area)구상' 아래에서 새로운 차원의 발전이 가능하다.
또한, 모든 연방의 구성국들이 UN에 독립국으로서 참가한다면 영연방의 경우처럼 중국은 국제사회에서 영향력을 확대할 수 있다.

(출처) 小学館「週刊ポスト「ビジネス新大陸」の歩き方 2019/8/13」大前研一

2) 저자 주: United States of China가 아니다.

좀 더 구체적으로 말하면 베이징을 맹주로 하고 홍콩, 대만, 싱가포르 등을 포함하는 일종의 연방 국가를 구축하는 것이다. 영연방과 같은 독립된 주권국가로 구성된 느슨한 국가연합을 상상하면 이해하기 쉬울 것이다. 국가주석은 엘리자베스 여왕처럼 군림하되 통치하지 않는 지위를 갖고 회원국에 대해서 일체의 정치적 간섭을 하지 않는다.

이 정도면 홍콩 문제도 단번에 해결된다. 게다가 홍콩은 인근 선전深圳 지방을 활용하면서 중국의 '그레이터 베이 에리어Greater Bay area 구상' 아래에서 한층 더 높은 발전을 이루는 것도 가능할 것이다. 신장 위구르 자치구와 티베트 자치구, 네이멍구 자치구에도 홍콩, 대만과 같은 고도의 자치를 부여하면 모든 것이 원만히 해결될 것이다. 무엇보다도 연방 구성국들이 각자 UN에 가입한다면 영연방처럼 중국은 국제사회에 대해 지금 이상으로 큰 영향력을 행사할 수 있다.

나는 앞서 리덩후이李登輝 대만 전 총통에게 중화연방 구상을 설명한 적이 있는데 그는 매우 흥미를 보였다. 이후 싱가포르에서 개최된 제1회 해협 포럼에서 이 중화연방 구상을 대만 대표이자 리덩후이의 심복인 구전푸辜振甫 대만 공상협진회 전 이사장이 중국 측 대표인 왕다오한汪道涵 전 상해 시장에게 제안했다.

그러자 중국은 중화연방 구상의 제창자가 나인 것을 알아채고 더 자세히 설명하라며 얼마 후 내 사무실에 사람을 보내왔다. 하나의 중국을 표방하는 중국 공산당에게는 이 구상이 위협임에 틀림없다. 중화연방이라는 표현으로 인해 논란이 생길 것을 예상하자마자 중국 당국은 곧바로 국민들에게 연방이라는 명칭 사용을 금지한다는 발표

를 하였다. 덕분에 'OO 연방 자동차 회사'나 'XX운수 연방' 등 지금
까지 회사명에 '연방'이라는 단어가 들어가 있던 회사나 조직은 모두
이름의 변경을 강요받았다고 한다. 그만큼 이 구상에 대해 중국 공산
당 간부들이 위기감을 느꼈음을 증명하는 일화이다.

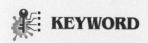

KEYWORD

모리토모·가케 문제

모리토모란, 2016년 보육원과 유치원을 운영하는 모리토모 학원재단에 대해 오사카부 토요나카시의 국유지가 불하되었는데, 이 토지의 평가액에 비해 가격이 시세보다 현저하게 저렴했던 것이 판명되고, 아베 총리의 아내인 아키에 씨가 초등학교 명예회장이 되어 있는 것이 지적되어 총리 부부의 영향력 행사가 있었다는 의혹이 국회에서 논란이 된 사건이다.

한편 가케加計는 2017년 정부가 국가전략특구 사업으로 에히메현에 가케 학원의 수의대 신설을 인가해 주었는데, 가케 학원재단 이사장이 아베 총리의 친구였다는 것이 드러나 아베 총리가 특혜를 주었다는 의혹이 국회에서 논란이 된 사건을 말한다.

TPP Trans-Pacific Partnership, 환태평양경제동반자협정

환태평양 국가들이 체결하는 포괄적인 경제 협정. 2016년 2월에 호주, 브루나이, 캐나다, 칠레, 일본, 말레이시아, 멕시코, 뉴질랜드, 페루, 싱가포르, 미국, 베트남 등 12개국이 서명했지만 2017년 1월에 미국이 탈퇴한 바 있다.

NAFTA North American Free Trade Agreement, 북미자유무역협정

1992년에 미국, 캐나다, 멕시코의 3개국 간에 합의가 이루어진 자유무역 협정을 말한다. 1994년 1월 발효되었다.

파리협정

지구 온난화 방지를 위해, 온실 효과 가스의 배출에 관해 2020년 이후의 각국의 대처를 결정한 국제적 협정을 말한다. 2015년 12월 파리에서 개최된 '국제연합기후변화협약 제21회 당사국총회'에서 채택되었다.

NATO North Atlantic Treaty Organization, 북대서양조약기구

1949년 미국과 캐나다 및 유럽 국가에 의해 체결된 북대서양 조약에 따라 결성된 군사 동맹을 말한다. 본부는 당초 프랑스의 파리였지만, 현재는 벨기에의 브뤼셀에 소재해 있다.

러시아 게이트

2016년 미국 대통령 선거 때 트럼프 캠프가 러시아와 공모한 게 아니냐는 의혹을 말한다. 미국의 공직 선거법은 선거 캠프가 외국 국적자의 지원을 받는 것을 금지하고 있다.

우크라이나 게이트

트럼프 대통령이 2020년의 대통령 선거에서 자신에게 유리하도록, 우크라이나의 제렌스키 대통령에게 전화를 걸어 약 4,300억

엔의 군사 원조의 동결 해제를 조건으로, 바이든 전 부통령의 아들이 우크라이나의 가스 회사에서 부정하게 이익을 올린 건을 조사해 줄 것을 요구한 의혹을 말한다.

이란 핵합의

이란과 6개국 미국·영국·프랑스·독일·러시아·중국이 2015년 7월에 체결한 이란의 핵 개발을 제한하는 합의를 말한다. 이후 트럼프 미국 대통령이 2018년 5월에 탈퇴하였다.

우정 민영화

고이즈미 정권이 추진한 개혁을 말한다. 당시까지 일본우정공사가 운영하고 있던 우편, 생명보험, 예금 등의 3개 사업과 창구 서비스를 2005년에 제정된 우정민영화법에 근거하여 2007년 10월부로 일본우정 5개 회사로 분사화시켰다.

카디프

웨일스의 수도로 가장 큰 도시이다. 인구는 약 30만 명에 이른다.

브리지 엔드

남웨일스의 도시이다. 포드자동차 공장이 위치해 있었으나 2019년 6월에 폐쇄가 발표되었다.

디젤 자동차

경유를 연료로 하는 엔진을 탑재한 차를 말한다. 일반적으로 가솔린 엔진보다 경유 엔진이 연비 성능은 좋지만 엔진 소음과 진동은 가솔린 엔진 쪽이 적다고 알려져 있다.

노란 조끼 운동

연료세 인상을 계기로 2018년 11월부터 매주 토요일에 열리게 된 일련의 시위를 말한다. 시위 참가자들이 노란 조끼를 착용해 노란 조끼 운동으로 불리게 됐다.

디지털 과세

GAFA구글, 애플, 페이스북, 아마존라고 하는 글로벌 IT 기업에 대한 과세를 말한다. 이들 기업이 이익을 법인세율이 낮은 국가나 조세 피난처 등으로 이전해 조세를 회피하는 것을 막기 위해 제정되었다.

유럽 그린딜 European Green Deal

2050년까지 유럽이 세계 최초로 온실가스 배출량 제로 달성을 목표로 한다는 취지의 포괄적인 정책안을 말한다.

온실가스

지구가 우주 공간을 향해 방사하려는 적외선을 흡수해 열을 가둬버리는 기체를 말한다. 수증기, 이산화탄소, 메탄, 일산화이질소, 프레온가스 등이 있다.

앤트 파이낸셜

중국 알리바바 그룹의 금융 관련 회사. 세계 최대의 온라인 결제 플랫폼 '알리페이'와 신용평가 시스템 '쯔마 신용'을 운영한다.

개혁개방

중국에서 문화대혁명 이후의 경제를 살리기 위해 덩샤오핑의 주도로 1978년부터 실시된 중국 내 체제 개혁 및 대외 개방 정책을 이르는 말. 인민공사의 해체와 경제특구 설치 등을 통해 시장경제가 도입되었다.

유니콘 기업

기업가치가 10억 달러 이상인 미상장 벤처기업을 말한다.

틱톡 TikTok

중국의 Byte Dance사가 개발하여 운영하는 스마트폰용 동영상 공유 서비스이다.

디디추싱滴滴出行

2012년에 설립된 중국 최대 규모의 차량 공유 서비스 회사이다.

DJI

세계 최대 규모의 드론 메이커이다. 본사는 중국의 선전深圳에 위치해 있다.

로욜

중국의 스마트폰 메이커이다. 2018년에 폴더블 스마트폰 겸 태블릿을 발표하였다.

화웨이

1987년에 중국의 선전深圳에서 설립된 세계 굴지의 통신 기기·단말 메이커이다. ICT 솔루션 공급자이기도 하다.

일국양제

1997년 홍콩이 영국으로부터 반환됨에 따라 중국이 선언한 방침을 말한다. 반환 후 50년 동안 홍콩에 자본주의와 고도의 자치를 인정하는 것을 뜻한다.

폼페이

서기 79년, 베스비오 화산 폭발로 인해 하룻밤 사이에 소멸한 이탈리아 남부의 도시이다.

그레이터 베이 에리어Greater Bay area 구상

홍콩·마카오·중국 광둥성 3개 지역을 통합해 세계 유수의 항만 지역으로 발전시킨다는 구상이다.

제3장

21세기 세계의 바람직한 모습
- '분단'에서 '연대'로

기능 불능이 되어 버린 국제회의와 국제기구

　최근 국제회의와 국제기구가 완전히 기능 불능 상태에 빠져 있어 [그림 24-상단], 무역, 기후 변화, 해양 플라스틱 쓰레기, 거대 IT 기업에 대한 디지털세 부과 등 각국이 합심해 대처해야 할 과제들이 산적해 있음에도 아무것도 결정하는 것 없이 공허한 성명문 발표를 하는 수준에 그치고 있다.

　이는 세계 각국 정상들 중 포퓰리즘 성향의 정치인들이 늘어나면서 자국 우선주의 스탠스를 취하고 있기 때문이다. 게다가 이들 중 아무도 "문제의 해결을 위해 각국이 협력해야 한다."라는 사고방식을 갖고 있지 않아 여러 국가의 이해관계가 충돌하면서 전술한 문제들이 해결되지 않고 답보 상태에 있다.

　예전에는 국제회의가 개최되기 전에 셰르파Sherpa라고 불리는 각국의 엘리트 관료들이 사전에 회의를 실시해 "이런 식으로 정리합시다"라는 식으로 이야기를 매듭지었고[그림 24-하단], 그 덕분에 회의에 참석한 각국 정상들은 선뜻 합의 서류에 서명할 수 있었다.

[그림 24] 국제회의·국제기구는 불완전한 기능 상태

국제회의의 현 상황

공허한 성명문 발표에 그치는 경우가 다발하고 있다
- 무역 문제: 미국의 반대로 보호주의라는 문언이 성명문에서 제외
- 기후 변화문제: 파리협정에서 탈퇴를 표명한 미국과 그 이외의 가맹국들 간의 의견차가 좁혀지지 못한 채 종결
- 해양 플라스틱 쓰레기 문제
- 거대 IT 기업에 대한 디지털 과세

국제기구의 현 상황

인권 문제·국제 문제에 대응하지 못하는 경우가 많다
- 인권 문제: 난민 캠프 등을 개설해도 난민이 계속해서 발생
- 각국의 '내정 문제'에 대한 불간섭
- 영토·영해문제: 남중국해(유엔 해양법조약 등)
- 핵개발 제재 문제: 유엔 안보리 결의(북한 제재 등)
- WTO: WTO에 대해 트럼프 대통령은 미국을 불공정하게 다뤄왔다며 비난, 이후 WTO 고위 임원 선임을 계속해서 거부

국제회의·국제기구의 문제점

국제회의의 문제점

- 국제회의에서 각국 관료가 실무자 회의를 겸한 준비를 하면서 정치가의 눈치를 살피는 문제 발생
- 최근 각국 정상 중 포퓰리스트와 독재자가 늘어난 탓에 이해 관계가 서로 다른 문제를 논의하는 국제회의에서 아무것도 정하지 못하는 경우가 증가

국제기구의 문제점

- 인권과 환경 등의 문제에 대해, 각국의 내정에 관한 문제에 관여할 수 없는 문제
- 상임이사국의 거부권 등 의사결정 구조, 거버넌스의 결함

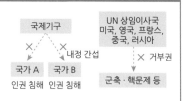

大前研一 週刊ポスト記事,『日本の論点』他各種報道等よりBBT大学総合研究所作成

그런데 지금처럼 각국 정상이 '미 퍼스트Me first'의 포퓰리스트나 독재자라면, 엘리트 관료가 자국 정상의 눈치를 보게 되면서 앞서 말한 셰르파 사전회의가 제대로 진행되기 어렵다. 더구나 트럼프 미국 대통령의 경우 마음에 들지 않으면 국제회의 도중에도 자리를 박차고 나가 버리기 때문에 아무리 노련한 셰르파라도 속수무책일 것이다.

WTO나 유엔 같은 국제기구에서의 상황도 심각하다. 인권이나 환경 등의 안건은 본래 각국이 한데 모여 문제 해결을 도모해야 할 성격의 사안이다. 그러나 국제기구가 문제점을 지적하고 바로 잡으려 해도 그 국가의 정상이 자국 내정에 간섭하지 말라고 하면 더 이상 손을 쓸 수 없게 된다.

또한, 군축 문제나 핵 문제가 언제까지고 정리되지 않는 것은 미국, 영국, 프랑스, 중국, 러시아 등 유엔 상임이사국들이 거부권을 갖고 있기 때문이다. 어떻게 보면 이는 의사결정 구조상의 결함이라고 볼 수 있다.

브라질의 아마존 화재 문제와
파리협정에서 벌어진 갈등

신흥국과 선진국 간의 갈등도 해마다 확대되고 있다. 환경 문제를 예로 들면, 선진국은 지구의 미래를 위해 환경 보호 대책을 세워야 한다고 주장하지만, 신흥국에게 가장 중요한 것은 경제 발전이다. 요컨대 신흥국들의 주장은 한마디로 "선진국들은 제국주의 시기 우리들에게서 마구잡이로 착취해 온실가스를 배출하며 현재의 풍족한 삶을 얻었다. 이제는 우리가 발전할 차례다. 우리나라가 선진국 수준으로 발전한 후에 환경 보호에 대해 이야기하자."라는 것이다.

일례로 BRICS의 일원인 브라질에서 발생한 아마존 삼림 화재 문제[그림 25]를 들 수 있다. 브라질에 위치한 아마존 유역의 열대우림 화재가 2009년 들어 급증하고 있는데, 기록적인 건조와 과도한 산림 벌채가 원인으로 지목되었다. 이로 인해 대도시 리우데자네이루와 상파울루까지 연기가 자욱할 정도로 끔찍한 상황에 빠져 있다. 이 사태를 보고 전 세계에서는 큰일이라는 목소리가 높아지고 있다. 지구 산소의 약 25%가 아마존 열대우림에서 생성되기 때문에 이를 단지 한 나라만의 문제로 볼 수는 없다는 것이다.

[그림 25] 브라질 '아마존 화재' 문제

**유럽 선진국
프랑스 마크롱 대통령**
● 아마존의 삼림 화재는
국제적인 위기
● G7 차원에서 23억 엔을
기부하기로 합의

◄►

**신흥국 브라질
보르소나로 대통령**
● 자신들을 마치 식민지 취급하는 행동이라며
반발
● 브라질 주권을 존중할 것을 요구
● 노트르담 성당의 화재를 막지 못했던 나라
가 말할 자격이 있냐며 반발

아마존 삼림 화재
브라질 일대 아마존 열대우림 지역에 2019년 들어
화재가 전년 대비 85% 급증하고 있는데, 기록적인
건조와 과도한 벌채가 주된 원인으로 지목되고 있다.

'파리협정' (CO_2 배출)을 둘러싼 대립 상황

환경 우선	⬌	경제 성장 우선
유럽 등 선진국		중국 등 신흥국

⤳ 미국 ⤳

프랑스 비아리츠Biarritz에서 열린 G7 정상회의에서 마크롱 프랑스 대통령은 이 문제를 두고 아마존 산림 화재는 국제적인 위기라고 말하며 G7 차원에서 소화 지원 대책을 위한 2,200만 달러한화 약 260억 원 상당의 금융 지원을 실행할 것을 선언했다. 하지만 이에 대해 보우소나루Bolsonaro 브라질 대통령은 브라질을 마치 자신들의 식민지인 양 취급하고 있다며 반발했다. 이어 "세계유산인 노트르담 대성당 화재를 막지 못한 나라가 우리나라 화재에 개입하는 것은 오지랖이다."라며 마크롱 대통령을 맹렬하게 비판했다.

한편 COP25에서 '2050년까지 이산화탄소 배출량을 제로로 한다'
라는 명제에 대해서는 참가국 간 합의가 있었지만, '2020년부터 시작
되는 파리협정 실시에 필요한 규칙의 일부파리협정 6조'에는 합의가 이루
어지지 못했고, 결국 COP26에서 다시 논의하게 되었다[그림 26].

[그림 26] 주요 국가의 이산화탄소 배출량 추이

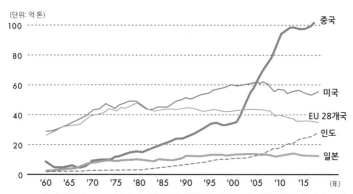

COP25에서 각국은 2050년까지 배출량을 실질적으로 0으로 하는 합의에 거의 도달
했다. 그러나 2020년 시행되는 파리협정에 필요한 규칙 일부에 대해 결국 합의하지
못해 2020년에 개최되는 COP26에서 결정하는 것으로 연기되었다.

(출처) Gilfillan et al. (2019)、UNFCCC (2019)、BP (2019)
©BBT Research Institute All rights reserved.

위에서 본 바와 같이 환경을 우선시하는 선진국과 경제 성장을 우
선시하는 신흥국과의 사이에 합의를 도출하는 것은 그리 간단한 문
제가 아니다.

글로벌 IT 기업과 디지털 과세

오늘날 디지털 비즈니스에 있어서 국경은 그 의미를 상실했다. 예컨대 GAFA 같은 글로벌 IT 기업은 모국에서는 절세 기법을 통해 최소한의 세금만 내고, 벌어들인 수익을 조세 피난처나 법인세가 낮은 아일랜드 등으로 본사를 이전하는 방식으로 조세를 회피하고 있다. 이런 움직임에 대해 세계 각국은 디지털 과세라고 하는 수단으로 이들의 조세 회피에 대응하기 시작했다[그림 27-상단].

먼저 프랑스의 경우, 국내에서 연 매출액이 2,500만 유로 이상이고 전 세계 매출액이 7억 5,000만 유로 이상인 기업에 대해서 자국 내 매출의 3%를 세금으로 납부하도록 하는 정책을 시행하고 있다.

영국은 전 세계 매출액이 연간 5억 파운드 이상인 기업에 국내 매출의 2%를 납부하도록 하는 과세 방안을 2020년 4월부터 시행하고 있다.

이탈리아는 2020년 1월부터 국내에서 50만 유로 이상의 매출이 있는 기업을 대상으로 디지털 수입에 대해 3% 세율의 과세를 실시하고 있다.

[그림 27] 디지털 과세

글로벌 IT 기업에 대한 과세 문제

디지털 비즈니스는 국경을 넘는 거래이며, 국가별 과세로는 대응할 수 없다

디지털 과세에 관한 각국의 대응

국가	내용
프랑스	역내 매출의 3% 과세 현재 시행 중
영국	대상 비즈니스의 역내 매출의 2% 과세 2020년 4월 시행
이탈리아	역내 매출의 3% 과세 2020년부터 적용 의사를 표명
오스트리아	디지털 광고 매출의 5%를 과세하는 안을 공표
터키	역내 매출의 7.5% 과세 2020년 3월 시행
인도	항구 시설이 없는 외국법인에 대한 온라인 광고 등의 지급에 6%를 원천징수. 현재 시행 중

각국이 개별적으로 과세안을 마련하는 것은 근본적인 해결책이 되지 못한다.

글로벌 과세 방안

〈OECD 안〉

	기업 집단의 전 세계 이익	매출 등에 대해 각국에 배분

초과 이익	각국에 배분되는 이익
통상 이익	

A 국가
B 국가
C 국가
D 국가

〈오오마에 안〉

각 기업 '본사의 최종 이익'을 국가별 매출액으로 안분한다.
● 해당 국가에서 거둔 매출액에 비례하여 과세하는 것이 타당
● 일본의 '외형표준과세', 미국의 '유니터리 택스'에 가까운 방법

오스트리아는 구글 등 대형 IT 기업에 대해 국내 온라인 광고에 대해 매출액의 5% 상당액을 과세할 것을 공표했다.

터키는 2020년 3월부터 연간 매출액이 200만 리라 또는 전 세계 매출액이 7억 5,000만 유로 상당의 외화를 버는 기업에 대해 국내 매출에 대한 75%를 과세하고 있다.

인도는 항구 시설恒久施設이 없는 외국 법인에 대한 온라인 광고 등의 지불에 대해 6% 원천징수를 시행하고 있다.

다만 국가별 개별 교섭에서는 디지털 과세에 관한 근본적인 합의가 여전히 이루어지지 않고 있는 실정이다. 이 같은 상황에 대해 OECD는 글로벌 IT 기업이 전 세계에서 벌어들인 이익 중 통상 이익을 제외한 부분을 초과 이익으로서 세금을 부과하고 이를 국가별 매출 비율에 따라 각국에서 나누어 갖는 방안을 제시하고 있다[그림 27-하단].

이처럼 여러 방안들이 제시되고 있지만, 나는 캘리포니아가 시행하고 있는 유니터리 택스unitary tax, 합산과세 혹은 일본의 이시하라 신타로石原慎太郎가 도쿄도지사로 부임했을 당시 도입을 검토했던 외형 표준 과세에 가까운 방법으로 글로벌 IT 기업의 최종 이익을 국가별 매출로 안분하는 것이 가장 타당하다고 생각한다.

기축통화로서 미국 달러의 문제점

최근 미국 달러의 기축통화 지위를 재고하려는 움직임들이 나타
나고 있다[그림 28]. 가장 큰 이유는 역시 트럼프 대통령의 존재다. 트럼

[그림 28] 기축통화로서의 달러의 문제점

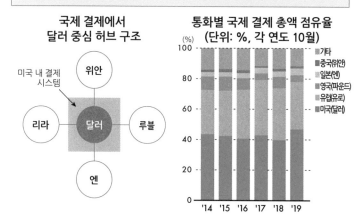

미국 달러의 문제
● 달러의 가치가 최근 트럼프의 트윗으로 요동치면서 결제통화로서의
  위치가 위협받고 있다.
● 미국이 달러 결제 시스템을 경제 제제 수단으로 이용하고 있다.
● SWIFT 등 국제 송금을 이용하는데 비용과 시간이 든다.
● 신용카드 결제 시스템을 미국 기업이 장악하고 있다.

**국제 결제에서
달러 중심 허브 구조**

미국 내 결제
시스템

위안

리라 달러 루블

엔

통화별 국제 결제 총액 점유율
(%) **(단위: %, 각 연도 10월)**

100

80

60

40

20

0
　'14 '15 '16 '17 '18 '19

■기타
■중국(위안)
■일본(엔)
■영국(파운드)
■유럽(유로)
■미국(달러)

프 대통령이 취임 후 트위터로 제멋대로 정보를 게시하기 시작하면서 그의 변덕스러운 트윗으로 인해 달러화 가치는 수시로 요동친다. 이에 따라 미국 달러화는 거래 시 결제통화로 사용하기 매우 어려운 존재로 전락하고 말았다.

　미국이 이란 핵합의에서 탈퇴했을 때 대이란 제재의 수단으로 달러 결제 시스템을 활용한 영향 역시 크다. 제재의 극대화를 위해 미국은 여러 이란 은행들을 SWIFTSociety for Worldwide Interbank Financial Telecommunications, 국제은행간 통신협정에서 차단했다.

　국제 결제 네트워크인 SWIFT는 벨기에에 본부를 두고 있는 국제적인 비영리 조직이지만, 실질적으로는 미국이 강한 영향력을 행사한다. 현재 SWIFT가 국제 결제의 핵심을 담당하고 있기 때문에, 이 네트워크로부터 제외된 금융기관은 사실상 국제 송금이 불가능해진다. 실제로 프랑스의 최대 석유 기업 토탈Total은 미국의 제재로 SWIFT를 이용할 수 없게 되면서 이란의 남파르스South Fars 천연가스전 개발 계획에서 철수한 바 있다. 한편 비자VISA나 마스터카드Mastercard와 같은 신용카드 대기업 역시 미국 기업이기 때문에 SWIFT와 마찬가지로 미국이 타국에 대한 제재 수단으로써 이용될 가능성을 배제할 수 없다.

디지털 화폐 국제 결제 시스템 구축 움직임

위와 같은 문제에 대응하기 위해 최근 블록체인을 기반으로 하는 디지털 통화의 발행과 SWIFT를 대체하는 새로운 국제 결제 시스템의 구축이 빠르게 진행되고 있다[그림 29].

[그림 29] 디지털 통화 발행, 국제 결제 시스템 구축 동향

디지털 통화	블록체인을 기반으로 한 통화. 비트코인과 달리 발행의 뒷받침으로서 법정통화의 자산을 가진다.		
	명칭	발행 주체	현황
	리브라	리브라 협회	2020년 전반기 발행 예정이었으나 현재 보류된 상태
	디지털 위안화	중국인민은행	즉시 발행 가능한 상태
	디지털 유로화	유럽중앙은행	발행 검토 중

독자적인 국제 결제 시스템 구축 사례

CIPS(위안화의 국제 은행 간 결제 시스템)
- 2015년 10월에 가동
- 89개국의 865개 은행이 참여
- 일본의 30개 은행도 참여

PEPSI(전 유럽 지급 시스템 구상)
- 2019년 11월 검토 개시, 2020년 4월에 방향성 제시
- 신용카드, 스마트폰 결제, 은행 간 송금 등 복수의 결제 방법을 커버하는 시스템을 만드는 것을 목표
- 유럽의 전자상거래 시장에서 60% 이상의 점유율 달성을 목표

대표적인 디지털 통화로는 다음의 세 가지가 있다. 먼저 리브라 Libra는 2019년 6월에 페이스북이 발표한 독자적인 디지털 통화이다. 당초 2020년 전반기에 발행이 예정되어 있었지만, 실제로 발행될지는 아직까지 불투명한 상황이다. 반면 중국 인민은행이 발행하는 디지털 위안화는 당장이라도 발행이 가능한 상태인 것으로 알려졌고, EU의 지원을 받아 유럽중앙은행이 발행을 검토하기 시작한 디지털 유로도 발행을 준비 중에 있다.

SWIFT를 대체하는 국제 결제 시스템으로는 2015년 10월에 중국 인민은행이 도입한 CIPSCross-border Interbank Payment System, 국제은행 간 위안화 결제 시스템가 있는데 여기에는 일본의 30개 은행을 포함한 89개국의 865개 은행이 참가했다. 또한, 유럽중앙은행과 유럽의 20개 은행은 PEPSIPan European Payment System Initiative, 전 유럽 지급 시스템 구상을 구축하여 유럽의 전자 거래 점유율 60%를 달성하는 프로젝트를 진행하고 있다.

이렇듯 유럽중앙은행과 유럽의 20개 은행들이 독자적인 결제 시스템을 만들기 위한 검토를 시작한 것은 미국의 VISA나 중국의 알리페이 등 미국과 중국 기업의 과점을 용인하는 것이 경제적·정치적 불안 요소가 될 수 있다고 판단했기 때문인 것으로 풀이된다. 한편 PEPSI 구축을 위한 토의가 2019년 11월부터 시작되어 2020년 4월경 구체적인 내용이 발표될 예정인데, 이미 유럽의 은행 고위급 간부들이 여러 번 모임을 가진 것으로 알려졌다.

세계 각국의 연대와 협력을 위한 길

    제2차 세계대전을 경험한 인류는 두 번 다시 이렇게 참혹한 전쟁을 하지 않겠다는 결의를 다지게 되었고, 이는 국가 간 연합과 협력을 촉진하는 계기가 되었다. 특히 유럽 국가들은 두 번의 세계대전뿐 아니라 40년에 이르는 유럽 내 전쟁의 역사를 경험하며 지칠 대로 지쳐 있었고, 이는 곧 EU의 창설로 이어졌다[그림 30-상단].

    그러나 오늘날 세계 정세를 살펴보면 창설 당시 목표했던 이상과는 정반대의 움직임을 보인다는 것을 알 수 있다. 자국 우선주의와 포퓰리즘이 만연하게 되면서 세계는 국민국가와 민족 단위로 분열하고 있다.

    미국의 트럼프 대통령을 비롯한 미 퍼스트Me first 정치인의 머릿속에는 아마 국가 주권을 앞세우면 무슨 일을 벌이든 괜찮을 것이라는 생각이 자리 잡고 있을 것이다. 하지만 이들의 생각은 완전히 잘못된 것이다. 만일 세계 지도자들의 사고방식이 모두 이런 식이라면 환경, 인권 등 전 지구적으로 머리를 맞대 해결해야 할 문제는 언제까지고 답이 나오지 않을 것이다.

[그림 30] 세계의 연대와 협력으로 나아가는 길

전후의 '분단'부터 세계의 '분단'으로의 경위

제2차 세계대전 이후
- 다시는 이런 어리석은 전쟁은 하지 않는다는 굳은 결의
- 과도한 민족주의로 이어지는 자국 우선주의가 아닌, 연대와 협력의 길을 모색(UN, EU, ASEAN, NAFTA 등)

현재 일어나고 있는 움직임(반대의 움직임)
- '자국제일주의', '포퓰리즘'
- 세계가 '국민국가', '민족' 단위로 제각기 분단되고 있다.

지금이야말로 세계는 전후 역사에서 배워야 한다
- 유엔 상임이사국에 중국과 러시아가 가입한 이유
- 유엔 사무총장이 강대국 이외 국가에서 선출되는 이유
- EU 본부가 벨기에 브뤼셀에 있는 이유
- EU 의회가 스트라스부르(독일과 프랑스가 영토분쟁을 했던 지역)에 있는 이유

➡ **일본은 국제사회를 향해 '연대'를 호소해야 한다.**

전 지구적 문제를 해결하는 제도

'국민국가'를 초월하는 제도

글로벌 국가	'글로벌 정부'		글로벌 연구기관
	A 국 B 국	……	N 국

'EU' 형성 과정을 롤모델로 한다

구상력과 리더십이 있는 정치가	그것을 이론적으로 뒷받침하는 지식인
● 데스탕 대통령, 미테랑 대통령	● 파올로 체키니(이탈리아 경제학자)
● 슈미트 총리, 콜 총리	● 자크 아탈리(프랑스 경제학자·사상가)

- '현자(賢者)'에 어울리는 '정치가'나 '학자'가 지혜를 모아 '비전'과 '아젠다(검토과제)'를 만든다.
- 이를 바탕으로 냉정하고 객관적인 논의를 통해 결론을 도출하는 장치가 필요

만일 내가 '세계 대통령'이라면

〈문제 인식〉
- 국가 주권에 기반한 것이라면 무엇을 해도 용인된다는 사고가 통용되고 있는 점
- 주권국가의 리더가 국민들의 인권을 탄압해도 '내정 간섭'이라는 이유로 개입할 수 없는 점
- 지구 환경 문제에서도 위와 마찬가지로 내정 간섭이라는 이유를 들어 국제사회의 개입을 막는 점

세계 대통령

인간(인권) 중심	지구 환경
● '인간 중심'으로 제도를 재정비	● 지구라는 '마을'을 오염시키는 자를
● 각국 정부의 권한을 제한	처벌하는 규정을 제정

'인간', '환경'을 중심으로 모든 사람에게 동일한 시선으로 접근한다

인류는 다시 한번 국가 간 협력과 공조를 위한 시스템을 제대로 구축해야만 한다. 2차 세계대전 이후 유럽에는 프랑스의 데스탱d'Estaing 전 대통령과 미테랑Mitterrand 전 대통령, 독일의 슈미트Schmidt 전 총리처럼 추진력과 리더십을 겸비한 정치인이 여럿 있었다. 거기에 더해 그들을 보좌하는 파올로 체키니Paolo Cecchini, 자크 아탈리Jacques Attali 등의 전문지식이 더해졌기에 EU라고 하는 기존의 국가와 전혀 다른 새로운 콘셉트를 완성할 수 있던 것이다[그림 30-중간].

이제 세계는 연대와 협력의 정신으로서 EU의 형성 과정을 본보기로 삼아 21세기에 걸맞은 새로운 국제 질서의 틀을 재구축해야만 한다. 만약 내가 세계 대통령이라면 국민국가의 주권 만능주의부터 지금 당장 메스를 댈 것이다[그림 30-하단].

즉 국민국가의 권한을 제한하여 인간인권과 환경을 중심으로 하는 세계를 만드는 것이다. 예컨대 현재 미얀마는 주권국가라는 이유로 80만 명에 달하는 로힝야족을 박해하고 있지만 인권을 국가의 주권보다 우선시킨다면 인도人道에 반하는 박해를 막을 수 있다.

또는 지구 전체를 하나의 지구촌으로 정의하고 지구 환경을 지키는 규정을 만들어 이를 위반하는 사람이나 국가를 제재하는 새로운 시스템을 만드는 것도 생각해볼 수 있다. '인권'과 '환경'이라는 두 가지 가치를 어떻게 지켜낼 수 있을지가 미래의 인류에게 있어서 가장 중요한 과제가 될 것이다.

KEYWORD

해양 플라스틱 쓰레기

재활용되지 않고 바다로 흘러들어간 플라스틱 쓰레기를 말한다. 이미 전 세계 바다에는 약 1억 5,000만 톤의 해양 플라스틱 쓰레기가 존재하고 있다고 추정되고 있다. 해양 환경오염 이외에도 바다 생태계에 미치는 영향이 우려되고 있다.

WTOWorld Trade Organization, 세계무역기구

1995년에 설립된 자유무역의 활성화를 주목적으로 하는 국제기관으로 스위스 제네바에 상설사무국이 설치되어 있다.

BRICS

최근 성장세가 두드러진 신흥국의 대표주자인 브라질Brazil, 러시아Russia, 인도India, 중국China, 남아프리카South Africa의 머리글자를 따서 만든 용어.

조세 피난처

소득세나 법인세 등의 세율이 현저히 낮거나 0%인 나라를 이르는 말. 바하마, 버진 제도, 쿡 제도 등이 있다.

유니터리 텍스 _{합산 과세}

미국의 세금 제도 종류 중 하나를 일컫는 말이다. 해당 주 안에서 사업을 하고 있는 기업의 이익뿐 아니라, 그 주혹은 국가 외부에 있는 모회사, 자회사 및 관련 회사의 이익을 합산하여 해당 주가 부과하는 세금의 액수를 계산하는 방식이다.

외형 표준 과세

자본금 1억 엔 초과의 법인을 대상으로 한 과세 제도. 법인의 소득을 과세표준으로 하는 소득세와는 별도로 인건비와 지급이자 등 기업 규모나 자본금에 따라 과세된다.

기축통화

수출입 결제나 국제 금융 거래에서 기준으로서 널리 채용되는 통화를 말한다. 1994년 브레튼우즈협정 이후 지금까지 미국 달러화가 기축통화 역할을 하고 있다.

블록체인

거래 데이터를 암호 기술을 활용해 암호화하여 하나의 체인처럼 연결해 보존하는 기술.

디지털 통화

지폐나 동전과 달리 전자적으로 이용할 수 있는 통화를 말한다. 현재 일본은행이나 유럽중앙은행 등 6개의 중앙은행들이 공동 연구에 착수했다.

알리페이

앤트 파이낸셜이 제공하는 세계 최대 온라인 결제 플랫폼이다.

파올로 체키니 Paolo Cecchini

이탈리아인 경제학자. 저서로는 시장 통합에 장애물로 작용하는 요소들을 약 260개로 정리하여 구체적으로 지적한 『체키니 리포트』가 있다.

자크 아탈리 Jacques Attali

프랑스의 경제학자이자 사상가. 미테랑 대통령의 고문역을 지냈다. 유럽부흥개발은행의 초대 총재이기도 하다.

제4장

일본의 동향
– 열등감 덩어리가 되어 버린 일본

국민에게 위대한 총리로 기억되는 사람들의 공통점

2020년 9월 16일 사퇴한 아베 신조安倍晋三 전 총리의 재임일수는 3,188일로, 가쓰라 타로桂太郎 전 총리를 제치고 헌정 사상 최장기 집권 총리가 되었다[그림 31]. 한편 아베 총리를 비롯해 2위 가쓰라 타로,

[그림 31] 역대 수상의 통산 재직 일수 (2020년 9월 16일 기준)

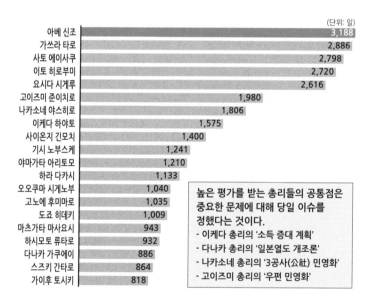

3위 사토 에이사쿠佐藤栄作, 4위 이토 히로부미伊藤博文는 모두 야마구치山口 현의 조슈長州 번 출신들이다. 그렇다면 아베 전 총리는 재임 기간 동안 어떤 일들을 해왔을까? 사실 아베 전 총리는 특기할 만한 공적이나 성과는 남기지 않았다. 아마도 한 번에 여러 가지 일을 동시에 진행하려고 했던 것이 그 원인으로 보인다.

위대한 총리로 국민에게 기억되는 이들의 공통점은 총리직 재임 중 중요한 한 가지에 집중해 후세에 전해질 만한 성과를 남긴다는 점이다. 예컨대 이케다 하야토池田勇人 전 총리의 소득 증가 계획, 다나카 가쿠에이田中角栄 전 총리의 일본 열도 개조론, 나카소네 야스히로中曽根康弘 전 총리의 일본의 '3 공사公社'의 민영화, 고이즈미 준이치로小泉純一郎 전 총리의 우체국 민영화 등 모두 단일 이슈임을 알 수 있다. 하지만 아베 전 총리의 경우 역점을 두고 시행하는 정책이 해마다 바뀌었었다.

아베 정권의 아쉬운 정책 워스트 5

내가 생각하는 아베 정권의 '아쉬운 정책' 워스트 5는 다음과 같다

[그림 32].

[그림 32] 아베 정권의 아쉬운 정책 워스트 5

제1위 아베노믹스	● '3개의 화살'을 사용해 명목 성장률 3%를 달성하는 정책. 이에 발맞춰 일본은행의 구로다 총재가 2년간 2%의 물가 상승을 목표로 유래 없는 규모의 양적 완화 단행 ● '아베·쿠로 콤비'의 실패로 이로 인한 후유증 예상
제2위 외교 정책	● '전후 체제로부터의 탈피' 주장을 미국의 항의로 단번에 손바닥 뒤집듯 뒤집는 사례 ● 미국에 대한 지나친 저자세 외교, 납북자 문제, 러시아 북방 영토, 중국의 일대일로, 한국과의 관계 등 모두 성과를 내지 못함
제3위 노동 개혁	● 일률적인 규제로 인한 혼란 야기 ● 핵심을 파악하지 못한 마이크로 매니지먼트의 전형적인 사례
제4위 지방 경제 활성화/ 고향세	● 지방자치단체는 법률로 정해진 범위의 자치권만을 갖기 때문에 본격적인 지방창생 정책을 실행하는 것은 애당초 불가능 ● 지방자치단체 간 고향세 납부 유치 경쟁으로 당초 취지가 몰각됨
제5위 마이넘버(개인번호)	● 사실상 이용자가 거의 없어 무용지물이 된 상태

(출처) 小学館「週刊ポスト」2019年5月31日号 大前研一 ©BBT Research Institute All rights reserved.

1) 워스트 1위: 아베노믹스

아베노믹스란 제2기 아베 정권 출범 당시 추진했던 경제 정책을 말한다. 재정 지출, 양적 완화, 성장 전략이라는 '3개의 화살'을 이용해 명목 경제 성장률 3%를 달성한다는 내용의 정책이다. 이에 발맞춰 구로다 하루히코黒田東彦 일본은행 총재는 2년 안에 2%의 물가 상승을 목표로 설정하고 적극적인 통화 공급에 의한 대대적인 양적 완화를 단행했지만 기대와 달리 '아베·쿠로 콤비' 역시 좋은 결과를 보여 주지 못했다. 재빠르게 머니터리 베이스를 실행하거나 제로 금리로 인하하더라도 이미 저욕망 사회가 되어 버린 일본에서는 누구도 돈을 빌리지도, 쓰지도 않기 때문이다. 앞으로 일본 경제는 아베노믹스 후유증으로 인해 한동안 부작용을 겪게 될 것이다.

2) 워스트 2위: 외교 정책

제1기 아베 내각 시정연설에서 아베 전 총리는 '전후 체제로부터의 탈피'를 슬로건으로 내걸었으나, 전후 미군정의 정책을 비판하는 것이냐고 미국이 불쾌감을 표시하자 이후 아베 전 총리의 태도가 급변했다. 예컨대 2015년 미국 국회에서의 연설에서 아베 전 총리는 "일본은 미국, 그리고 뜻을 같이하는 민주주의 국가들과 함께 냉전에서 승리했고, 그 결과 일본은 선진국이 되었다. 나는 지금도 이 길만이 우리가 가야 할 길이라고 생각한다."라며 아부를 했고, 트럼프 대통령이 아베 전 총리에 대해 IR법을 통과시키라고 요구하자, 심의에 들어간 지 불과 2주 만에 법안을 통과시켜 버리는 등 미국에 대해 순종적인 태도를 보이고 있다.

또한, 아베 전 총리는 납북자 문제에 대해서도 임기 내에 문제를 해결하겠다고 호언장담했지만 아직까지 아무런 진전이 없는 상태이다. 아베 전 총리가 한 것이라곤 트럼프 대통령에게 김정은 위원장을 만날 때 납북자 문제를 거론해 달라고 부탁한 것이 전부이다.

북방 영토 문제 역시 27차례에 걸쳐 푸틴 대통령과의 회담을 거듭하면서 당초 4개의 섬을 반환하라는 요구에서 2개로 요구 수위를 낮춘 바 있다. 나아가 러시아 측의 비위를 건드리지 않기 위해 북방 영토라는 단어도 사용하지 않는 등 해결로 나아가기는커녕 더욱 후퇴하고 있다.

한편 일본은 현재 중국의 일대일로 구상에 협조하고 있는데, 여기에는 큰 문제가 있다. 앞에서 설명했듯이 일대일로의 본질은 중국의 신제국주의 정책을 구현하는 것이기 때문이다. 일본의 입장에서는 중국에 아첨하는 것보다 미국과 대만과의 관계를 우선시하는 외교 노선을 견지하는 것이 옳다. 그리고 한국과의 관계는 모두가 잘 알고 있듯 악화일로로 치닫는 중이다. 이처럼 아베 전 총리가 펼치고 있는 외교 정책은 모두 헛스윙에 그치고 있다.

3) 워스트 3위: 근로 방식 개혁

시간 외 노동 상한 규제, 연차 유급휴가 취득 의무화, 동일 노동 동일 임금 등 아베 정권이 내놓는 정책은 번번이 초점에서 엇나가고 있다. 근로 방식의 경우 업종이나 업무 내용, 혹은 개별적인 사정 등을 종합적으로 고려하여 달리해야 함에도 불구하고 이를 정부가 일률적으로 규정하는 것은 무리가 있다. 하나부터 열까지 정부가 개입해 결정하게 된다면 기업의 입장에서는 그저 더욱 일하기 힘들어질 뿐이다.

4) 워스트 4위: 지방 경제 활성화와 고향세

나는 이것만큼 이상한 정책을 들어본 적이 없다. 지방 경제활성화는 현 제도상 애당초 불가능하다. 일본 헌법 제8장을 보면 지방자치단체는 법률로 정해진 범위 내에서만 자치권을 갖는다고 규정되어 있다. 애초에 자치권도 없는데 어떻게 지방 경제 활성화를 할 수 있단 말인가. 이에 관한 자세한 내용은 나의 저서 『당신은 헌법 제8장을 읽었는가』소학관 발간에 자세하게 썼으므로, 관심 있는 독자는 꼭 읽어 보길 권한다.

제3기 아베 정권에서 이시바 시게루石破茂 씨가 지방 경제 활성화 담당 장관에 임명됐을 때 나는 그에게 전화를 걸어 "이시바 씨가 아무리 노력하더라도 현행 헌법하에서 지방 경제 활성화는 사실상 불가능하니, 장관직을 거절하는 것이 좋지 않겠습니까?"라고 말했다. 하지만 그는 "이미 수락했기 때문에 어쩔 수 없습니다, 한 번 해보겠습니다."라고 장관직을 수락해 버렸다. 그 결과가 어떻게 되었는지는 말하지 않아도 알 것이다. 이시바 씨는 결국 성과를 내지 못했고, 세간에서 무능한 정치인으로 낙인찍혀 자민당 내에서도 존재감을 잃어버리고 말았다. 정적을 쓰러뜨리려는 아베의 흉계에 감쪽같이 빠져버린 것이다.

고향세는 애당초 정책 콘셉트가 잘못됐다. 총무성에 따르면, 진학이나 취직으로 생활 거점을 지방에서 도시로 옮긴 사람은 세금 역시 도시에서 납부하기 때문에 세금이 도시 지역의 지자체에 집중됨으로써 지방과의 불균형이 발생한다고 한다. 하지만 도시에 거주하면서도 세금은 자신의 고향에 내고 싶은 사람도 분명 있을 것이다. 만일 법으로 이를 가능하게 한다면 지자체 간 세금 불균형을 해소할 수 있다는 취지에서 만들어진 것이 바로 고향세 제도이다. 그러나 본래 세금의 분배는 정치인과 관료들의 책임하에 매우 엄정하게 이루어져야 한다. 그럼에도 불구하고 세금을 어디에 납부할지를 국민이 자의적으로 결정하게 하는 것은 참으로 정치와 행정의 태만이라고 하지 않을 수 없다.

게다가 고향세에 관한 법률의 내용을 살펴보면, 지정할 수 있는 납세처를 출생지에 한정하지 않고 전국 어느 지자체라도 원하는 곳을 세금 납부처로 정할 수 있다고 규정하고 있다. 이 때문에 세수 부족으로 세금이 절실한 지자체는 쇠고기, 쌀, 가전 등의 답례품을 경쟁적으로 제시함으로써 국민들이 자신들에게 세금을 납부하도록 유혹

하는 등 본래 입법 취지에서 크게 벗어난 일들이 나타나고 있다. 결국, 일본인 특유의 옹졸함만이 드러났을 뿐이다. 따라서 이런 무의미한 제도는 즉각 폐지하고 세금 투입이 필요한 지방에 적절하게 분배될 수 있도록 하는 새로운 구조를 만들어야 한다.

5) 워스트 5위 : 마이넘버_{개인번호}

정부는 이를 '국민 ID'로 만들려는 모양이지만 한시라도 빨리 포기해야 한다. 행정부가 주먹구구식으로 "여기는 후지쯔가 담당하고, 여기는 NEC가 담당하게 하자."라는 식으로 발주하거나 이미 만들어져 있는 것을 단순히 하나로 통합하는 것은 사실상 불가능에 가깝다. 코로나 위기로 이미 부각된 것처럼 일본에는 개인이나 각 세대에 돈을 교부할 수 있는 자동화된 시스템도 없고, 스마트폰을 일종의 개별 ID로써 사용하는 것 역시 불가능하다. 더욱이 마이넘버는 수·발신 기능이 없기 때문에 보유한 사람이 적고, 아예 발급받지 않은 사람 또한 많다. 만일 본격적으로 이를 실시하고자 한다면 원점부터 시스템을 구축할 수밖에 없지만, 무엇이 되었든 세금 낭비로 보인다. 일본의 현행 시스템은 기본 개념 자체가 없다. 그러니 어떤 목적으로 어떻게 사용할 것인지 곰곰이 생각해서 고등학생한테라도 다시 만들게 하는 것이 지금 일본의 행정 시스템보다는 훨씬 나을 것이다.

열등감 덩어리가 된 일본

20세기 마지막 20년간 일본은 그동안의 고도 경제 성장으로 얻은 경제력 덕에 봄날을 만끽할 수 있었다. 세계 제2위의 경제 대국의 자리에 올라 경제 호황으로 들끓던 도쿄는 야마노테선[1] 안쪽의 토지 가격을 전부 합하면 미국 토지 전체를 살 수 있을 정도로 땅값이 폭등한 상태였다. 그리고 글로벌 기업 시가총액 역시 상위 10위 안에 일본 기업이 8개나 포함된 바 있다[그림 33].

하지만 21세기에 접어들면서 일본은 빠르게 그 빛을 잃어가고 있다. GDP는 중국에 추월당해 제3위, EU를 포함하면 제4위까지 주저앉았다. 또한, 주택 공실 비율은 13.6%를 나타내며 일본 전역으로 유령 도시화가 진행되고 있다. 한편 현재 글로벌 기업 시가총액 상위 10위 내의 회사들은 모두 미국과 중국의 기업으로, 일본은 42위를 기록한 도요타자동차밖에 남지 않았다[그림 34]. 그 결과 최근 20년간 일본은 열등감 덩어리가 되어 버렸다.

---

1) 역자주 : 서울의 2호선처럼 도쿄 도심지를 일주하는 전철 노선

[그림 33] 일본의 20세기 마지막 20년

● 세계 제2의 경제대국
● 야마노테선 안쪽에 있는 토지를 매각하면 미국 전체 토지 매입 가능
● 글로벌 기업 시가총액 상위 10위 안에 일본 기업 8개사가 포함

팍스 자포니카(일본의 경제력을 배경으로 한 평화)
Japan as Number one

세계 기업 시가총액 상위 10위(단위: 10억 달러)

1989년 3월말

순위	회사명	시가총액	국가
1	일본전신전화(NTT)	183	일본
2	스미토모은행	76	일본
3	일본고교은행	73	일본
4	다이이치칸교은행	69	일본
5	후지은행	68	일본
6	IBM	65	미국
7	미쓰비시은행	62	일본
8	엑손모빌	60	미국
9	도쿄전력	59	일본
10	산와은행	54	일본

(출처) プレジデント社『大前研一　日本の論点2020~21』大前研一著、180.co.jp、ほかより作成

[그림 34] 일본의 21세기 초 20년

● 일본의 GDP는 제3위로 하락(EU를 포함하면 4위)
● 부동산 공실률이 13.6%로 역대 최고치를 경신
● 시가총액 상위 일본 기업은 42위의 도요타자동차만 남게 됨

**주류 선진국들을 한 번 이겼던 기억에 심취해 흥분하는
것은 일본인이 가진 열등감을 반영할 뿐이다**

세계 기업 시가총액 상위 10위(단위: 10억 달러)

2019년 9월말

순위	회사명	시가총액	국가
1	마이크로소프트	1,061	미국
2	애플	1,012	미국
3	아마존	858	미국
4	알파벳	845	미국
5	버크셔 해서웨이	509	미국
6	페이스북	508	미국
7	알리바바	435	중국
8	텐센트	402	중국
9	JP 모건 체이스	376	미국
10	존슨&존슨	341	미국
42	도요타 자동차	190	일본

(출처) プレジデント社『大前研一　日本の論点2020~21』大前研一著、180.co.jp、ほかより作成

일본은 조용한 죽음을 맞이하고 있다

　일본 경제가 추락한 원인의 하나는 바로 심각한 저출산 고령화이다[그림 35]. 일본의 출생률은 현재 1.42%, 인구 고령화율은 무려 28.4%로 개선될 조짐은 전혀 보이지 않고 있다.

　다른 나라였다면 이 정도로 경제가 추락한 것에 대해 정치인들을 향한 국민의 분노가 폭발해 폭동이 일어나도 이상하지 않았겠지만, 아직 일본에서 그럴 기미는 보이지 않는다. 일본의 치안 랭킹은 세계 6위를 기록한 바 있고 도시 안전도 순위에 있어서도 도쿄가 1위, 오사카가 3위이므로 사회 자체는 매우 온화하다고 할 수 있다. 또 다른 통계를 보면 실업률은 2.4%, 기초생활수급자 비율은 1.65%로 다른 나라에 비해 굉장히 낮은 편에 속한다. 그러나 평균 급여액의 경우, 1997년에 467만 엔을 기록한 것에 비해 2018년에는 441만 엔으로 오히려 대폭 떨어졌다. 즉 실업률이 낮은 수치를 보이는 것은 결국 낮은 급여를 다 함께 나누는 구조로 되어 있기 때문인 것으로 풀이된다.

[그림 35] 일본의 현 상황

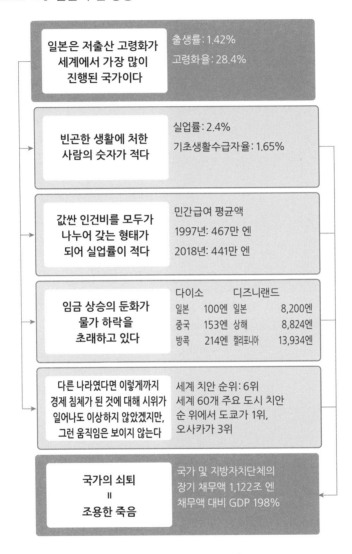

일본은 저출산 고령화가
세계에서 가장 많이
진행된 국가이다

출생률 : 1.42%

고령화율 : 28.4%

빈곤한 생활에 처한
사람의 숫자가 적다

실업률 : 2.4%

기초생활수급자율 : 1.65%

값싼 인건비를 모두가
나누어 갖는 형태가
되어 실업률이 적다

민간급여 평균액

1997년: 467만 엔

2018년: 441만 엔

임금 상승의 둔화가
물가 하락을
초래하고 있다

다이소		디즈니랜드	
일본	100엔	일본	8,200엔
중국	153엔	상해	8,824엔
방콕	214엔	캘리포니아	13,934엔

다른 나라였다면 이렇게까지
경제 침체가 된 것에 대해 시위가
일어나도 이상하지 않았겠지만,
그런 움직임은 보이지 않는다

세계 치안 순위 : 6위
세계 60개 주요 도시 치안
순위에서 도쿄가 1위,
오사카가 3위

국가의 쇠퇴
=
조용한 죽음

국가 및 지방자치단체의
장기 채무액 1,122조 엔
채무액 대비 GDP 198%

이처럼 근로자의 임금 상승률이 감소한 것이 결국 물가 하락으로 이어지고 있다. 현재 일본의 물가는 과연 다른 나라에 비해서 얼마나 낮은 것일까? 대표적인 100엔 숍인 다이소의 상품을 예로 들면, 같은 상품들이 중국에서는 153엔, 방콕에서는 214엔에 팔리고 있다. 게다가 디즈니랜드의 1일 티켓의 경우 도쿄는 8,200엔이지만 상하이는 8,824엔, 캘리포니아는 10,394엔에 판매되고 있어 일본에서의 가격이 유독 저렴한 것을 알 수 있다. 이렇게 구매력 평가로 본 시세가 지속적으로 하락하고 있는 것은 급여액이 적어 가격을 낮춰야만 소비자들이 상품을 구매할 수 있는 상황이 계속되고 있기 때문이다.

아무리 국민이 참고 견딘다고 하더라도 국력이 저하되고 있는 것은 분명하다. 재정 상황의 경우 장기 채무 잔액이 1,122조 엔_{한화 약 1경 2,600조 원}이나 쌓여 있어, 채무액 대비 GDP 비율이 무려 198%에 달하는데 이는 선진국 중 가장 높다. 일본은 조용하게, 그렇지만 확실하게 죽음의 길로 향하고 있다. 그럼에도 불구하고 국민에게는 전혀 이러한 위기의식이 없다. 외국에서 본 일본은 아마 그저 조용하게 쇠퇴해 가는 모습일 것이다.

엔화의 가치를 높여 자산의 구매력을 높여라

일본은 개인 금융자산의 규모가 큰 비중을 차지하고 있어 환율은 엔고 상태가 되는 것이 바람직하다. 그 편이 구매력이 올라 국민들의 생활이 편해지기 때문이다[그림 36].

[그림 36] 달러와 엔화의 구매력 평가와 시장 환율

하지만 이와 반대로 언론과 주식시장은 엔화 약세를 반기는 반응을 보이는데, 이를 보면 일본인들은 아직도 무역 의존도가 높던 시절의 사고를 유지하고 있는 것 같다. 특히 그중 가장 심한 것은 경단[2]의 행동들이다. 이들 대부분은 무역으로 부를 축적한 대기업 총수들이기 때문에 엔화가 조금이라도 오르면 곧바로 불평을 쏟아낸다.

일본은 무려 1,800조 엔[한화 약 2경 260조 원]에 달하는 개인 금융자산을 보유하고 있음을 잊어서는 안 된다. 다음으로, 통화 가치와 구매력의 상관관계를 쉽게 이해할 수 있도록 빅맥[3]을 통해 일본과 미국의 구매력을 비교해 보겠다[그림 37].

[그림 37] 빅맥지수로 보는 구매력 평가의 문제

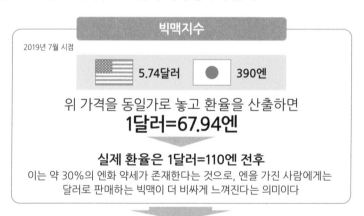

빅맥지수

2019년 7월 시점

🇺🇸 5.74달러　　● 390엔

위 가격을 동일가로 놓고 환율을 산출하면
1달러=67.94엔

실제 환율은 1달러=110엔 전후
이는 약 30%의 엔화 약세가 존재한다는 것으로, 엔을 가진 사람에게는 달러로 판매하는 빅맥이 더 비싸게 느껴진다는 의미이다

- 수출 증대 측면에 있어서 엔화 약세는 바람직한 일이지만, 기업의 해외 현지 생산이 늘면서 엔화 약세의 메리트는 점차 사라짐
- 양적 완화에 따른 유동성 과잉 공급으로 엔화 약세가 지속되면서 일본산 제품의 경쟁력이 저하
- 일본은 에너지나 식품 등 많은 부분을 수입에 의존
- 낮은 임금 수준이 결국 디플레이션을 초래

2019년 7월 현재 맥도날드가 판매하는 빅맥의 가격은 미국이 5.74 달러, 일본이 390엔이다. 미국과 일본의 빅맥을 동일 가격으로 보았을 때 환율은 다음과 같다.

1달러 = 67.94엔

실제 환율은 1달러가 110엔 전후로 엔화의 가치가 더 낮게 취급되고 있다. 그러나 빅맥지수로 일본인의 개인 금융자산 1,800조 엔을 환산하면 약 3,000조 엔_{한화 약 3경 3,800조 원}이라는 계산이 나온다. 이는 엄청난 구매력으로, 한 사람이 해외에서 물건을 지금보다 약 2배 가까이 더 살 수 있다는 의미이다.

물론 그렇게 된다면 정부가 추진하는 2020년 관광객 4,000만 명 유치 목표를 절반으로 줄여야 할 것이다. 통계에 따르면 1,000만 명의 관광객이 일본에서 쓰는 돈은 약 2조 엔이므로 관광객이 절반으로 줄어든다면 예상 관광 수입액이 8조 엔_{한화 약 90조 원}에서 4조 엔_{한화 약 45조 원}으로 줄어들지만, 이는 1,800조 엔의 구매력이 3,000조 엔이 되는 것에 비하면 아무것도 아닌 숫자이다. 게다가 호텔이나 료칸_{旅館}의 수용 능력을 생각하면 관광객 숫자도 2,000만 명 정도가 적절하다고 생각한다.

---

2) 역자주 : 한국의 전경련에 해당하는 경제단체
3) 역자주 : 맥도널드 햄버거인 '빅맥(Big Mac)'의 가격에 기초해 전 세계 120여 개국의 물가수준과 통화가치를 비교하는 주요 지수로서 영국 경제전문지 이코노미스트가 분기마다 빅맥지수(Big Mac Index)를 발표하고 있다.

다시 말해 일본은 대규모의 금융자산을 보유한 국가이므로 엔화 가치를 높여 구매력을 높이는 편이 국민들에게 더 이익이 된다. 이를 실현하기 위해서는 무역 의존도가 높았던 시절에 형성된 엔고 공포증을 불식시키지 않으면 안 되지만, 사람들에게서 엔고 공포증을 지워내기란 여간 어려운 일이 아니다.

4000년의 역사를 가진 중국 경제의 저력

　지금부터는 이웃 나라 중국과 앞으로 어떻게 지내야 할지에 대해 생각해 보자. 4000년에 이르는 중국의 역사 중 최근 2000년간을 보면 중국의 경제 규모는 대부분의 기간 동안 항상 세계 최대 규모였다[그림 38].

[그림 38] 2000년간의 경제 규모 변화

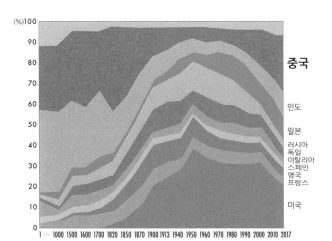

● 과거 2000년 중 대부분 기간 동안 중국은 세계 경제의 30~40%를 차지하는 대국이었음
● 1800년대 후반에는 서양 열강들의 침략으로 국력이 저하
● 중국 경제는 1978년 개혁개방 정책 노선 이후 급성장

다만 1800년대 후반부터 100년 동안은 규모가 축소되었는데, 이는 서구 열강의 침략으로 국토가 유린되고 국력이 저하된 탓이다.

한편 1978년 덩샤오핑鄧小平이 개혁개방 노선으로 방향을 전환하자 다시 중국 경제는 급부상했다. 1989년 당시 중국의 GDP는 일본의 규슈와 비슷한 수준이었지만 현재는 일본의 약 25배로 급성장했다. 이러한 사실은 일본인으로서는 참으로 분할지도 모르지만, 과거 2000년 중 대부분의 기간 동안 중국의 GDP는 일본의 10배였다. 일본인은 이렇듯 장기적인 관점에서의 역사 인식을 가져야 할 필요가 있다.

퀄리티 국가를 지향하라

그럼 중국의 10분의 1의 경제 규모에 불과한 일본은 어떻게 행동하면 좋을까? 나는 이웃 중국을 활용하여 퀄리티 국가를 지향하는 것이 이상적이라고 생각한다. 경제 규모가 큰 대국 근처에서 그를 활용해 경제적으로 번영하고 있는 퀄리티 국가는 세계 곳곳에 이미 여럿 존재한다[그림 39].

[그림 39] 강대국에 인접한 퀄리티 국가의 인구, GDP 비교(2019년)

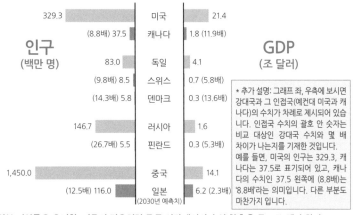

인구 (백만 명)

329.3	미국	21.4
(8.8배) 37.5	캐나다	1.8 (11.9배)
83.0	독일	4.1
(9.8배) 8.5	스위스	0.7 (5.8배)
(14.3배) 5.8	덴마크	0.3 (13.6배)
146.7	러시아	1.6
(26.7배) 5.5	핀란드	0.3 (5.3배)
1,450.0	중국	14.1
(12.5배) 116.0	일본	6.2 (2.3배)
(2030년 예측치)		

GDP (조 달러)

* 추가 설명: 그래프 좌, 우측에 보시면 강대국과 그 인접국(예컨대 미국과 캐나다)의 수치가 차례로 제시되어 있습니다. 인접국 수치의 괄호 안 숫자는 비교 대상인 강대국 수치와 몇 배 차이가 나는지를 기재한 것입니다. 예를 들면, 미국의 인구는 329.3, 캐나다는 37.5로 표기되어 있고, 캐나다의 수치인 37.5 왼쪽에 (8.8배)는 '8.8배'라는 의미입니다. 다른 부분도 마찬가지 입니다.

일본 기업들은 유니참, 피존의 경우처럼 중국 시장에서의 수익 창출을 목표로 해야 한다.

예컨대 미국은 캐나다의 거의 10배에 달하는 경제 규모를 갖고 있지만 캐나다인은 그러한 사실에 대해 전혀 불만스럽게 생각하지 않는다. 그들의 머릿속에 있는 것은 단지 미국을 어떻게 활용하느냐 뿐이다. 스위스, 덴마크, 스웨덴 또한 독일을 최대한 활용하고 있고 핀란드와 러시아의 관계 역시 마찬가지다. 생각건대 일본 기업은 스웨덴 국적 기업이면서도 독일을 최대의 시장으로 하고 있는 H&M의 경우를 참고하면 좋을 것이다. 이미 일본에서도 유니참Unicharm이나 피존Pigeon처럼 중국 시장에서 착실히 수익을 올리고 있는 기업들이 생겨나고 있다.

한편 중국이 곧 붕괴할 것이라는 말이 나온 지는 오래됐으나 여전히 붕괴 가능성은 존재한다. 나 역시 예전에 중국이 6개로 분열하는 시나리오를 예측한 적이 있다. 다만 중국 지자체의 시장이나 서기들 중에는 매우 우수하고, 경제관념과 뛰어난 경영력을 가진 사람이 많이 있어, 오히려 중국이 분열함으로써 지금보다 국력이 강해질 가능성 역시 있다. 일본의 입장에서는 설령 중국이 붕괴하더라도 지금의 스탠스를 유지하는 것이 좋을 것이다. 만일 그렇게 된다면 일본은 옆에 EU 같은 존재가 생겼다고 가정하면서 냉철하게 비즈니스를 수행하면 될 뿐이다.

새로운 번영 방정식

이대로 가면 일본은 천천히 쇠퇴해 갈 것이 분명하다. 이런 상태에서 벗어나 번영을 지속하기 위해서는 21세기에 유효하게 통용될 새로운 방정식을 찾을 필요가 있다[그림 40].

세금에 의존하는 나라는 피폐해질 수밖에 없는데, 지금의 아베 정권이 바로 그렇다. 국가가 국민으로부터 거둔 세금을 제멋대로 사용하고, 부족할 때마다 증세를 반복한다면 정치가와 관료들은 도태되어 경제 역시 쇠퇴하게 된다. 동서고금을 통틀어 세금으로 번영한 나라는 존재하지 않는다. 그렇다면 세금에 의존하지 않고 어떻게 해야 하는가? 정답은 바로 지방도시나 기업이 직접 해외와 비즈니스 관계를 맺는 것이다.

여기에는 두 가지 모델이 존재한다. 먼저 하나는 이탈리아의 도시국가 모델이다. 토스카나Toscana, 팔마Palma, 모데나Modena, 카프리Capri, 코모Como라고 하는 이탈리아의 지자체는 정부에 의지하지 않고 세계를 상대로 독자적인 비즈니스를 펼치고 있다. 예를 들어 이탈리아 치즈의 왕으로 불리는 파르미자노 레자노 Parmigiano Reggiano는 팔마나 모데나, 레조넬에밀리아Reggio Emilia 등의 도시에서 만들어져 세계로 수

[그림 40] 21세기에 살아남기 위한 '새로운 번영 방정식'

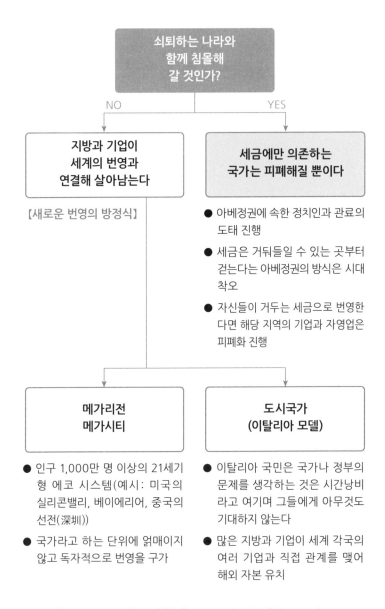

쇠퇴하는 나라와 함께 침몰해 갈 것인가?

NO → 지방과 기업이 세계의 번영과 연결해 살아남는다

YES → 세금에만 의존하는 국가는 피폐해질 뿐이다

【새로운 번영의 방정식】

- 아베정권에 속한 정치인과 관료의 도태 진행
- 세금은 거둬들일 수 있는 곳부터 걷는다는 아베정권의 방식은 시대착오
- 자신들이 거두는 세금으로 번영한다면 해당 지역의 기업과 자영업은 피폐화 진행

메가리전 메가시티

- 인구 1,000만 명 이상의 21세기형 에코 시스템(예시: 미국의 실리콘밸리, 베이에리어, 중국의 선전(深圳))
- 국가라고 하는 단위에 얽매이지 않고 독자적으로 번영을 구가

도시국가 (이탈리아 모델)

- 이탈리아 국민은 국가나 정부의 문제를 생각하는 것은 시간낭비라고 여기며 그들에게 아무것도 기대하지 않는다
- 많은 지방과 기업이 세계 각국의 여러 기업과 직접 관계를 맺어 해외 자본 유치

출되며 성공적인 비즈니스를 일궈냈다. 실제로 내가 예전에 그 도시들을 취재하러 방문했을 때 현지인들은 모두 입을 모아 세금만 거둬가는 중앙정부는 차라리 없는 것이 낫다며 자신감을 드러냈다.

또 다른 모델은 바로 메가리전Mega region이다. 미국의 실리콘밸리나 중국의 선전深圳과 같이 국가 단위가 아닌 도시 단위로, 세계 각지에서 사람, 물건, 자금을 유치해 경제적 성공을 이루는 것이다. 다만 일본의 경우는 지자체에 포괄적인 자치권이 없기 때문에 헌법 제8장이 최대의 장애물이 될 것이다.

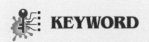

KEYWORD

가쓰라 타로桂太郎

야마구치현 출신의 정치가. 메이지 시대 후반부터 다이쇼 시대 초반에 걸쳐 세 번 수상을 맡았다. 미소를 지으며 등을 톡톡 두드리면서 상대를 설득하는 스타일을 본 사람들이 '미소톡톡' 재상으로 불렀다.

3 공사

일본전매공사, 일본전신전화공사, 일본국유철도를 일컫는 말이다. 이후 민영화되면서 각각 일본 담배 산업JT, NTT 그룹, JR 그룹이 되었다.

IR법

정식 명칭은 '특정 복합 관광 시설 구역의 정비의 추진에 관한 법률'이다. 본래 통합형 리조트IR 시설의 유치를 목적으로 하고 있으나 카지노가 허가 사항에 포함되는 것으로 알려진 것이 논란이 되어, 이 때문에 '카지노 법안'이라고 불리고 있다.

일대일로—帶—路

시진핑 중국 국가주석이 제창하는 광역경제권 구상. 중국 서부에서 중앙아시아, 유럽으로 이어지는 육로 실크로드일대와 중국 연

안과 동남아시아·인도·아라비아반도·아프리카 동쪽을 해로로 연결하는 해상 실크로드_{일로}로 이루어져 있다.

마이넘버 My Number, 개인번호

일본에 주민표를 가진 사람에게 할당되는 12자리 번호를 말한다. 주로 공공의료보험, 세금, 재해대책 등 3개 분야에서 해당인과 공공기관이 보유한 개인정보가 동일한 정보임을 확인하기 위해 사용된다.

구매력 평가

환율은 양국 통화의 구매력 비율에 의하여 결정된다는 스웨덴 경제학자 G. 카셀이 주창한 이론을 말한다.

퀄리티 국가

고비용의 인건비가 가지는 단점을 부가가치와 생산성을 높이는 것으로 상쇄하는 특징을 보이는 국가를 이르는 말.

H&M

스웨덴의 의류 메이커. 저렴한 가격에 패션성이 높은 상품을 주로 취급하는 패스트 패션·메이커의 선구자격인 회사이다.

토스카나 Toscana

이탈리아 중부에 위치한 주. 주도는 피렌체이다.

팔마Palma

이탈리아 에밀리아로마냐주의 도시. 식품 산업이 번성해 '미식의 도시'로 알려져 있다.

모데나Modena

이탈리아 에밀리아로마냐주의 도시. 발사믹 식초가 특산품으로 알려져 있다.

카프리Capri

이탈리아 캄파니아주 나폴리현의 지자체. 카프리섬은 관광지로 유명하다.

코모Como

이탈리아 롬바르디아주의 도시. 비단 산지로 유명하다.

파르미자노 레자노 Parmigiano Reggiano

이탈리아를 대표하는 치즈 중 하나이다. 이탈리아 치즈의 왕으로 불릴 만큼 인기가 높다. 같은 지역은 팔마 햄의 산지로도 유명하다.

레조넬에밀리아Reggio Emilia

이탈리아 에밀리아로마냐주의 도시. 농·축산품이 풍부한 지방으로 앞서 말한 치즈의 산지로도 유명하다.

제5장

일본은 어떻게 해야 하는가?

2020년 일본의 최대 문제

2020년 일본이 마주한 가장 큰 문제는 무엇인가? 답은 명확하다. 바로 인재 부족 문제이다[그림 41].

일본은 모든 측면에서 뛰어난 인재가 부족하다. 우선은 질의 부족이다. 과학Science, 기술Technology, 공학Engineering, 수학Math 분야, 이른바 STEM과 AIArtificial Intelligence, 인공지능 등 첨단 분야뿐 아니라 경영 분야에서도 글로벌 기업을 경영할 수 있는 인재가 손에 꼽을 만큼 적다. 세계무대에서 활약할 수 있는 회화 능력이나 구상력을 가진 경영인도 전혀 보이지 않는다. 그 결과 일본의 노동 생산성은 G7에서 최하위를 기록하게 되었다.

다음으로는 양의 부족이다. 저출산 고령화가 진행되어 노동 인구가 큰 폭으로 감소하였다. 이를 보완하기 위한 외국인 노동자 특별 체류 제도도 제대로 기능하고 있다고 말하기는 어렵다. 예를 들어 현행 제도에 의하면 특정 분야에 전문적인 기술을 가진 외국인 노동자이른바 '특정 기능 1호'에 대해서 정부는 5년간의 체류를 허가하고 있는데, 무슨 연유로 이와 같은 기한을 두는지 나는 납득이 가지 않는다. 한편 정부는 외국인 노동자를 받아들인다면서도 어느 분야에서 어느 정도의 노동력이 필요한지에 대한 구체적인 계산 없이 단순히 모호한 계획만 수립하고 있는 실정이다.

[그림 41] 2020년, 일본 최대의 문제

여러 측면에서
인재 부족

1. 질의 부족

● STEM, AI 등 첨단 분야뿐만 아니라 글로벌 기업을 경영할 수 있는 능력 부재

● 세계무대에서 활약할 커뮤니케이션 능력과 구상력 부재

● 일본의 노동 생산성은 G7 중 최하위

2. 양의 부족

● 출산 고령화가 진행되어, 노동력 인구가 대폭 감소

● 외국인 노동력의 유치가 지지 부진

21세기에 살아남을 수 있는 인재를 기르기 위해서는 지금의 교육을 백지 상태에서 재검토할 필요가 있다.

현 수준의 GDP를 유지하기 위해서는 얼마나 많은 외국인을 일본의 노동력으로 정착시켜야 하는가?

정답이 없는 시대의 교육 방식

질의 부족을 개선하기 위해서는 교육의 내용과 제도 그 자체를 바꾸지 않으면 안 된다[그림 42].

[그림 42] 정답이 없는 시대의 교육

정답이 있는 시대의 교육

  유럽 · 미국

메이지 시대, 전후 부흥기와 근본적으로 다르지 않다
유럽, 미국 등 서방 선진국들을 뒤쫓기 위해 대량 생산성 확보에 치중된 교육 방식

정답이 없는 시대의 교육

국경 없는 사회화가 진행되어, 기업들 역시 글로벌화된다. AI와 특이점의 시대에 걸맞은 '스스로 생각하는 교육'

■ 퀄리티 국가의 교육제도 특징

 핀란드

● 리더십 교육과 유년기 영어 교육 도입
● '가르치는 교육'에서 '스스로 생각하게 하는 교육'으로의 전환
● 유치원에 '기업가 육성 코스'를 도입

싱가포르

● 2016년 PISA에서 과학 · 수학적 소양, 독해력 3분야 모두 상위로 평가
● 2개 국어 교육 정책을 실시
● 2023년까지 모든 초 · 중학교에서 STEM 교육 실시

세계 각국은 이미 국경 없는 사회화가 진행되어 AI나 IoT Internet of Things, 사물인터넷의 진화와 더불어 비즈니스를 둘러싼 환경 또한 시시각각 변화하고 있다. 이런 환경에 첫발을 내디딜 사회 초년생들의 눈앞에 펼쳐진 것은 아무도 발을 들여놓지 않은 황야 그 자체이다. 정답은 어디에도 나와 있지 않다. 어느 쪽으로 발걸음을 내디뎌야 할지는 스스로의 머리로 계속 생각할 수밖에 없다. 이런 상황에도 불구하고 일본의 교육은 아직도 정답이 있는 것을 전제로 두고 이루어지고 있다. 즉 일본은 미국·유럽 등의 선진국들을 따라잡기 위해 대량 생산에 적합한 구시대적 인재만을 사회에 배출하고 있을 뿐이다. 이래서는 메이지 시대나 전후의 부흥기와 같은 일을 다시금 반복할 뿐 21세기에 진정으로 필요한 인재를 길러 내는 것은 불가능하다.

퀄리티 국가의 교육 시스템

일본 교육 시스템에는 [그림 43]과 같은 여러 문제가 산적해 있다.

우선 모든 사람에게 STEM 교육이 필요함에도 불구하고 문과를 선택한 학생들에게는 이러한 교육을 받을 수 있는 기회가 없다. 게다가

[그림 43] 일본 교육 시스템의 문제점

1 모두에게 STEM 교육이 필요함에도 불구하고, 문과를 택한 학생에게는 STEM 교육의 기회가 주어지지 않는다. 이과에 진학한 학생이더라도 추천입학제도를 통해 대학에 진학하는 경우 추천입학이 확정되면 더 이상 수학을 공부하지 않아 입학 후 어려움을 겪는다.

2 영어 교육을 4가지 기능으로 나누어 평가한다고 하지만 실제로는 제대로 이루어지지 않고 있다.

3 문부과학성은 교육에 관한 결정을 중앙교육심의회에 일임하고 있으나, 지도요령* 만큼은 자신들의 관할로 두고 있다. 이 때문에 학생들은 21세기 생존에 필요한 기술을 전혀 숙지하지 못한 채 사회로 나가게 된다. 특이점이 올 무렵 40~43세를 맞이하는 현재의 고등학생들은 특이점 시대의 사회에서 살아남기 어려울 것이다.

4 연구를 게을리하는 교사는 아동·학생에 있어서 가해자나 다름없다.

> *한국 교육부가 고시하는 'n차 교육과정과 동일한 문부과학성의 고시를 말합니다.

5 자격증을 획득하더라도 그것만으로는 생활할 수 없다(대학원, 국가자격 등).

> 사고이론(Theory of Thinking), 논리학, EQ 등과 같은 과목은 애당초 개설되어 있지 않다. 서구 선진국들을 따라잡기에 급급했던 시대에는 스스로 생각하게 하는 교육은 필요하지 않았지만 이제는 기존 교육 커리큘럼을 근본적으로 바꿔야 한다.

추천입학제도 역시 문제가 심각하다. 예컨대 이과를 택한 고등학생들은 추천입학제도로 입학이 확정된 이후에는 수학과 과학 과목의 공부를 더 이상 하지 않는다. 이렇게 되면 대학의 이공계 학과에 진학한 후에도 전공 수업을 제대로 따라갈 수 없고, 결국 대학에서 고등학교 교과목을 다시 가르쳐야 하는 시간 낭비를 하게 된다.

영어 교육 또한 문제투성이다. 듣기, 읽기, 말하기, 쓰기 등 4가지 기능으로 나누어 영어 실력을 평가하겠다는 발상 자체가 초점에서 어긋나 있다. 단순히 영어 능력을 4가지 기능만으로 분류할 것이 아니라, 실질적으로 자신의 의사를 정확히 전달하고 상대방이 그것을 이해하고 행동할 수 있어야만 비로소 실무에서 사용할 수 있다고 할 것이다. 그뿐만 아니라 이러한 평가를 통째로 외부 업체에 맡기고 있으니 무슨 말을 할 수 있겠는가.

문부과학성[1]이 정하는 교육 과정의 기준인 학습 지도 요령은 약 10년마다 개정되어 왔고 올해부터는 초·중·고교에서 각각 순차적으로 새로운 학습 지도 요령이 적용된다. 그러나 나는 그 내용을 읽고 암담한 기분을 떨쳐낼 수 없었다. STEM에 관한 내용은 아무것도 나와 있지 않고, 사고이론, 논리학, EQ, 설득력 같은 내용 역시 전혀 보이지 않는다. 이런 교육을 받아서는 정해진 답이 없는 21세기를 살아가는 데 필요한 기술을 익힐 수 없다. 지금의 고등학생이 40~43세가 될 때쯤 도래한다는 컴퓨터의 능력이 인간을 추월하는 시기, 즉 특이점Singularity 이후의 사회에서 이들은 활약하기는커녕 살아남는 것조차 위험할 것이다.

---

1) 역자주 : 한국의 교육부에 해당

교육 현장 일선에 있는 교사들이 좀 더 위기감을 가졌으면 하지만 지금의 교사들은 한 번 교사 자격을 획득하면 정년을 보장받기 때문에 좀처럼 새로운 연구를 하려 들지 않는다. 일본의 경우 교사 자격은 10년 주기로 갱신하게 되어 있지만, 갱신 신청이 반려되는 경우가 없어 교사들은 이에 대해 전혀 걱정하지 않는다. 세계적인 사회 변화에 대한 인식을 결여한 채 시대에 뒤떨어진 학습 지도 요령에 따라 교육한다면 그러한 교육을 받은 학생들 역시 일본의 미래를 어둡게 만드는 가해자가 될 뿐이다.

또한, 자격증을 취득해도 생활하기에 충분한 급여를 받지 못하는 상황에 대해서도 지적하고 싶다. 사회복지사나 미용사 등 국가자격을 취득해도 이들의 실제 수령액은 월 16만 엔_{한화 약 180만 원} 정도에 불과하다. 3~4년 동안 학비를 내고 공부한 끝에 받는 급여가 기초생활수급자가 받는 월 지원액보다 약간 더 많은 것에 불과한 것은 분명 잘못됐다. 특히 국가가 부여하는 자격임에도 불구하고 이런 상황이 벌어진다는 것은 비정상적이다.

다른 나라의 경우, 퀄리티 국가라고 불리는 나라는 이미 교육의 초점을 현대 사회에 적응하는 것으로 바꾸고 있다. 예컨대 핀란드는 1990년대 초 종래의 '가르치는 교육'에서 '스스로 생각하는 교육'으로 기조를 전환했다. 이에 따라 리더십 교육과 더불어 유년기 영어 교육을 도입하는 한편, 유치원에도 기업가 양성 코스가 설치되었다.

싱가포르에서는 1986년부터 2개 국어 교육이 이루어지고 있다. 더욱이 최근에는 STEM 교육에도 힘을 쏟고 있어 2023년까지 모든 초·중학교에서 STEM 교육을 실시하는 것을 결정했다. 아직도 메이지 시대부터 이어져 온 낡은 교육 시스템을 답습하고 있는 암기 위주, 입시 위주의 일본과는 전혀 다른 행보이다. 더군다나 최근에는 STEM에 리버럴 아츠Liberal Arts, 기초교양과목를 추가해 STEAM로서 이과계열 지식뿐만 아니라 교양 교육에 대한 중요성을 강조한다. 또한, 싱가포르는 2016년 PISAProgram for International Student Assessment, 국제학업성취도평가에서 과학적·수학적 이해 능력과 독해력의 3가지 분야에서 세계 최고를 획득하는 등 큰 성과를 거두고 있다.

향후 일본의 교육 시스템 방향

일본의 교육 시스템에 관한 나의 제언을 아래에 정리해 보았다. 문부과학성의 관료가 만일 이 책을 읽고 있다면 교육 정책 수립에 꼭 참고해 주었으면 한다[그림 44].

1) 의무교육

의무교육 기간을 현행 중학교까지에서 고등학교까지로 늘리고 의무교육을 마친 이후 사회인으로서 필요한 지식을 습득할 수 있도록 관련 커리큘럼 등을 확충해야 한다. 예컨대 중·고교 일관교육[2]의 경우, 수업 자체는 5년 안에 끝낼 수 있다. 따라서 남은 1년을 자원봉사, 개발도상국에서의 생활 체험, 기업체 인턴십 등을 통해 경험을 쌓게 하고 제2언어는 영어, 제3언어는 프로그래밍으로 지정한다면 21세기에 필요한 인재를 길러낼 수 있을 것이다.

---

2) 역자주 : 사립대학 부속 중·고교 재학생에게 대학 입학 우선권을 주는 에스컬레이터식의 일본 교육 시스템을 말한다

[그림 44] 일본 교육 시스템의 방향성

고등교육

- 대학을 직업교육의 장으로 재정의하여 교양과정을 과감히 삭제
- 현직 기업인들을 초빙하여 최신 트렌드를 비롯한 실무 지식을 교육
- 사회 진출 이후 10년 간격으로 관련 지식을 재교육하는 이른바 '리커런트 교육'을 실시

대학입시

- 국가가 주관하는 대학입학시험을 폐지
- 대학 입시 요강은 각 대학의 자율로 맡기되, 고교 수료시험에 대한 서류 평가를 평가 요소에 포함하도 록 의무화
- 면접전형 실시를 의무화. 이는 21세기에 필요한 능력을 평가하기에 면접이 가장 적합한 방식이기 때문

고교수료시험

- 고등학교 수료 시 고교 수료 시험 응시를 의무화
- 균형 있는 학습 장려를 위해 과목별로 평가를 진행
- 고교 수료 시험은 졸업 시 문부과학성 책임하에 실시

의무교육

- 의무교육을 고등학교까지로 늘리고, 사회인을 위한 교육 커리큘럼을 확충
- 중 · 고교 일관교육의 경우 5년 이내로 끝내는 것이 가능하므로 남은 1년을 개발도상국에서의 생활, 봉사활동, 기업에서의 인턴 등 사회에서 유효하게 쓸 수 있는 경험을 쌓는 기간으로 활용
- 제2언어를 영어, 제3언어를 프로그래밍으로 하는 커리큘럼을 구성

(출처) 大前研一 ©BBT Research Institute All rights reserved.

2) 고교 수료 시험

고교 수료 시 문부과학성의 주관 아래 예술 계열 과목을 비롯한 모든 교과목에 대해 시험을 치르게 한다면 수료자의 실력을 검증하는

것과 동시에 공교육의 신뢰성 증진에도 도움이 될 것이다. 또한, 시험 결과는 수료자의 장·단점을 분석하는 자료로도 쓰일 수 있다.

3) 대학입시제도

대학입시의 경우, 각 대학별 특성화 요소와 교육 방향을 고려해 자율적으로 요강을 작성하게 하고 현행 대입시험을 폐지해야 한다. 또한, 21세기에 필요한 능력들은 필기시험만으로는 측정하기 어렵기 때문에 면접시험을 의무화하는 규정을 신설함으로써 입시제도를 개선할 수 있다.

4) 고등교육

대학을 직업교육의 장으로 재정의함으로써 교양 교과목을 없애 전문 교과목으로만 커리큘럼을 재편성하고, 이를 위해 실무에 종사하는 기업인을 교수자로 초빙해 세계 최첨단의 지식을 습득할 수 있도록 한다. 또한, 졸업 이후 사회에 진출한 사람들에 대해서도 10년마다 다시 최신 지식을 교육하는 '리커런트 교육Recurrent Education'을 실시함으로써 실무 능력의 향상을 꾀할 수 있다.

외국인 노동자에게 의지할 수밖에 없다

생산연령인구 부족 문제에 대해서도 시급히 대처하지 않으면 안 된다. 생산연령인구는 매년 50만~100만 명씩 감소하고 있고, 2040년 에는 2019년 대비 무려 1,400만 명이 줄어든 600만 명 정도로 예측되고 있기 때문이다[그림 45]. 1,400만 명이라는 숫자는 2019년 일본 총인

[그림 45] 생산연령인구 추이

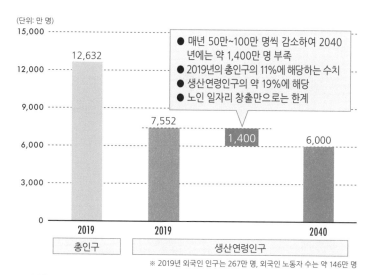

(단위: 만 명)

● 매년 50만~100만 명씩 감소하여 2040년에는 약 1,400만 명 부족
● 2019년의 총인구의 11%에 해당하는 수치
● 생산연령인구의 약 19%에 해당
● 노인 일자리 창출만으로는 한계

※ 2019년 외국인 인구는 267만 명, 외국인 노동자 수는 약 146만 명

(출처) 小学館「週刊ポスト 2019年5月31日号」大前研一、時事ドットコムほか各種報道・資料より作成

구의 11%, 같은 생산연령인구의 19%에 필적한다. 이만한 인구가 줄면 노인 일자리를 늘려도 턱없이 부족하다. 그렇게 된다면 필연적으로 외국인 노동자에게 의지하지 않을 수 없게 된다.

이에 대한 정부의 대책은 너무나도 빈약하다. 특정기능재류제도[3]로 정해진 14개 업종에서는 연간 30만 명이 부족할 것으로 추산되고 있다[그림 46]. 이 경우 향후 5년간 수용해야 하는 외국인 노동자의 수는 150만 명에 달한다.

[그림 46] 최근 5년간 정부의 외국인 노동자 유치 방침
('특정기능제도'로 지정한 14개 업종)

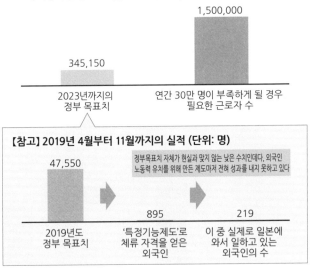

---

3) 역자주 : 일본 정부가 일손 부족 문제를 해결하기 위해 특정 부문의 기능을 보유하고 있는 외국인에게 일본 체류 자격을 부여하는 제도

이처럼 상황이 심각함에도 불구하고 정부가 제시한 2023년도까지 외국인 기능 인력 유치 목표는 3만 4,550명에 불과하다. 더욱이 외국인 기능 인력 유치의 연간 목표가 4,750명인데 비해 2019년 4월부터 11월까지 체류 자격을 획득한 외국인 노동자의 수는 895명에 불과하며, 이 중 실제로 일본에 와서 일하고 있는 사람은 219명뿐이다.

　　정부의 목표는 현실을 전혀 반영하지 못한 데다, 해결을 위해 만든 제도 역시 전혀 성과를 내지 못했다. 산업 현장에서는 기술을 가진 인력이 무려 150만 명이나 필요한데, 단 219명만이 충원됐다는 것은 정책에 심각한 결함이 있음을 드러내는 증거이다. 관료들이 탁상공론에 빠져 주먹구구식 계획을 세우는 것에 그치지 않도록 이들에 대한 성과 기반의 평가 방법이 확립되지 않는 한 위와 같은 사례는 계속 나타날 것이다.

'원팀One Team'이라는 발상

일본 정부가 내놓은 외국인 인력 관련 대책들은 하나같이 허술하기 짝이 없다. 따라서 이러한 문제들을 해결하기 위해 나는 몇 가지 비책들을 제안하고 싶다. 먼저 참고할 만한 예시로는 2019년 가을에 럭비 월드컵에 출전해 활약했던 일본 대표팀이 있다[그림 47].

[그림 47] 외국인 노동자에게 실시하는 '의무교육'

일본인의 '의무교육'

직종과 상관없이 국내에서 생활하며 근로하는 외국인 노동자를 위해 '의무교육'을 실시할 필요가 있다. 특히 언어뿐 아니라 문화, 관습, 법률 등 포괄적인 교육을 실시해 외국인 노동자가 사회에 적응할 수 있도록 정부가 무상으로 교육을 제공하고 이 과정을 수료한 사람에게 미국의 그린카드와 같은 영주권을 부여해 안정적인 생활을 보장함으로써 노동 생산성 향상을 꾀할 수 있다.

외국 출신 선수가 활약한 럭비 월드컵 일본 대표팀의 경우처럼 뛰어난 외국인을 일본 사회에 적응시키도록 도와 '원팀'을 구성하는 발상이 필요하지, 2020년 도쿄올림픽에 넋을 놓고 있을 때가 아니다.

(출처) 小学館「週刊ポスト 2019年5月31日号」大前研一、時事ドットコムほか各種報道・資料より作成

벚꽃 유니폼을 입은 일본 럭비 대표팀 선수들은 3명 중 1명이 외국 출신이었다. 그렇지만 이들은 전혀 위화감 없이 모두들 우승이라는 목표를 위해 '원팀'이 되어 함께 전장에서 치열하게 싸웠다. 럭비 대표팀의 활약상은 장래 우리가 어떻게 외국인 인력을 받아들이고 그들과 더불어 경제 발전을 이뤄나갈 수 있는지 중요한 단서를 제공해 준다. 바로 우리와 함께 싸우는 외국인 인력들과 원팀을 이루는 것이다.

　이를 실현하기 위해 가장 중요한 것은 그들에게 우리의 언어, 법률 그리고 문화를 알려주는 것이다. 구체적인 방안으로는 유휴 교원 인력을 활용하여 이들에게 2년간 무상으로 의무교육을 제공하고, 이 과정을 수료한 사람에게 미국의 그린카드와 유사한 개념의 영주권을 부여해 이들의 신분을 보장함으로써 원활한 취업이 이루어지도록 하는 것이다.

외국인 노동자가 활약할 수 있는 구조

　현재 외국인 노동자의 수용 및 관리는 출입국관리청이 담당하지만, 고용에 관해서는 후생노동성이 관할하고 있다[그림 48].

　[그림 48] 외국인 노동자가 활약할 수 있는 구조

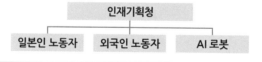

문제는 외국인 노동자에 관한 정책을 총괄하는 정부 부처가 없다는 점이다. 현재 외국인 노동자의 유치는 출입국관리청이 관할하고 있으나 취업 및 고용에 관해서는 후생노동성이 담당하고 있다. 따라서 이에 관한 대응이 어정쩡할 수밖에 없다.

세계 각국의 치열한 인재 영입 경쟁에 뛰어들기 위해서는 외국인 노동자를 포함한 인재 육성 문제를 전담하는 '인재기획청'을 조속히 창설해 질과 양 측면 모두에서 개혁을 단행해야만 한다.

인재기획청 → 일본인 노동자 / 외국인 노동자 / AI 로봇

예시: 보모(保姆)
- 일본의 경우, 특정기능제도의 대상 업종으로 지정되어 있지 않아 도쿄, 가나가와, 오사카 등의 국가전략특구에서만 외국인 가사 지원 인재로 체류를 인정
- 보모를 특정기능제도의 대상 업종으로 지정함으로써 여성들을 육아와 가사에서 해방시키고 여성 인재의 사회 진출, 생산성 향상을 도모

(출처) 小学館「週刊ポスト 2019年5月31日号」大前研一、時事ドットコムほか各種報道・資料より作成
©BBT Research Institute All rights reserved.

그러나 세계 곳곳에서 우수한 인재를 서로 뺏고 빼앗기는 인재 영입 경쟁이 치열하게 벌어지는 가운데 위와 같은 대책만으로는 손도 제대로 써보지 못한 채 선수를 뺏길 뿐이다. 따라서 좀 더 체계적인 정책의 시행을 위해 인재기획청_{가칭}을 신설하는 것이 좋은 방법이 될 것으로 생각한다. 그리고 여기서 일본인·외국인 노동자 그리고 AI와 로봇이 어느 분야에서 얼마나 필요한지를 계산해 노동력을 확보하기 위한 전략을 세워 적재적소에 인력을 배치하는 것이다.

　　마지막으로, 여성 인재의 활용 또한 우리가 직면하고 있는 문제들을 풀어줄 열쇠가 될 것이다. 홍콩이나 싱가포르에서는 업무 시간 동안 집을 비울 수밖에 없는 워킹맘Working Mom들을 대신해 가사와 육아를 하는 보모保姆의 활용이 매우 보편화돼 있다. 만일 일본에서도 보모 활용이 보편화된다면 여성의 사회 진출이 더욱 활성화될 것임에 틀림없다. 하지만 정부는 보모 직종을 앞서 말한 특정기능재류제도의 대상으로 지정하지 않았고, 다만 도쿄, 오사카, 가나가와 등 일부 국가전략특구에서만 외국인 가사 지원 인력으로서 체류를 인정받고 있을 뿐이다. 만일 이를 전국으로 확대한다면 워킹맘들의 부담을 경감되어 그만큼 유능한 여성 인재들이 활약하게 될 것이다. 따라서 외국인 인력 문제와 여성 인재 활용 등 인재에 관한 정책들을 기획하고 총괄할 인재기획청을 신설해 그 1호 정책으로 워킹맘들을 위한 보모 활성화 제도를 시행하는 것이 나의 제안이다.

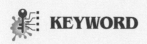 **KEYWORD**

AIArtificial Intelligence

인공지능을 이르는 말.

IoTInternet of Things

물건에 센서와 통신 기능을 탑재하여 인터넷에 접속하게 하는 기술을 말한다. 사물인터넷을 이르는 말.

EQEmotional Intelligence Quotient

감성지수, 혹은 감정적 지능지수라고 한다. 심리학 저술가인 대니얼 골맨Daniel Goleman이 사용하면서 대중화된 용어이다.

특이점Singularity

인공지능이 비약적으로 발전해 인간의 지능을 뛰어넘는 기점을 이르는 말이다.

PISAProgram for International Student Assessment

OECD가 실시하는 학업 성취도 국제 비교 연구로, 만 15세 학생들의 읽기, 수학, 과학적 소양의 성취 수준을 평가하여 각국 교육의 성과를 비교·점검하는 것을 말한다.

리커런트 교육Recurrent Education

졸업 후 사회인이 된 사람이 필요한 경우 다시 교육기관에서 교육을 받을 수 있도록 하는 교육 시스템을 말한다.

특정기능재류자격特定技能在留資格

2019년 4월에 개정된 입국관리법에 의해 시행되고 있는 제도이다. 분야별로 기능 1호와 2호로 분류해 인력 부족이 심각한 업종들에 필요한 기술을 가진 외국인에게 체류 자격을 부여한다.

맺음말

2020년 3월 11일, WHO의 테드로스Tedros 사무총장은 신형 코로나바이러스 감염에 대해 팬데믹Pandemic을 선언했다. 나 역시 불과 작년 말까지만 해도 2020년 이전에 세계가 이번과 같은 사태를 겪을 줄은 전혀 예상하지 못했다. 보더리스Borderless 경제론을 제창해 온 나로서는 트럼프 대통령과 같은 자국 우선주의자의 확산은 어떻게든 대처할 수 있다고 생각했지만 코로나바이러스에 의한 국경의 물리적 폐쇄, 즉 락다운lockdown은 상정 외의 일이었다.

일본 정부는 이번 신형 코로나바이러스의 확산을 단순히 천재天災라고 생각해서는 안 된다. 이번 사태에는 국민의 생명과 재산을 지켜야 할 정부가 그 책무를 다하지 못해 사태가 악화된 인재人災의 측면이 강하기 때문이다. 특히 초동 대처가 늦어진 점이 치명적으로 작용했다.

본래라면 중국 우한에서 미지의 바이러스 감염이 퍼지고 있다는 것을 알아챌 수 있었던 시점에 정부가 중국인 관광객의 입국을 금지했어야 했다. 하지만 4월로 예정되어 있던 시진핑習近平 중국 국가주석의 방일訪日을 의식해 이를 실시하지 않은 것으로 보인다. 그 결과 코로나바이러스의 침입을 용인하게 되어 일본 전역으로 감염이 확산됐다. 게다가 2020년 7월로 예정된 도쿄올림픽을 어떻게든 시행하기 위해 전전긍긍했던 정부와 올림픽조직위원회 때문에 사태가 악화된 측면도 있다.

아베 전 총리가 전문가의 판단을 기다리지 않은 채 갑작스레 독단적으로 단행한 전국 초·중·고교에 대한 휴교령도 참으로 어리석다고 하지 않을 수 없다. 이 때문에 교육 일선 현장과 어린 자녀를 둔 가정은 대혼란에 빠지게 되었다. 특히 정부의 갑작스런 휴교령으로 어쩔 수 없이 일을 쉬게 된 직장인 부부에 대한 보상 역시 제대로 마련되지 않아 국민들로부터 많은 비판을 받았다.

한편 전문가들에 따르면 코로나바이러스는 어린 아이들에 대해 감염률이 높지 않다고 전해진 바 있고, 무엇보다 휴교를 한다고 해도 아이들이 집에만 있을 리 만무하다. 오히려 따분함을 이기지 못해 친구들끼리 노래방에 가는 등으로 감염자와의 접촉 기회가 늘어날 것이다.

게다가 정부 당국의 요청으로 도쿄 디즈니랜드, 유니버설 스튜디오와 같이 많은 사람이 모이는 장소들이 폐쇄되는 등 경제 활동이 위축되었다. 이번 코로나바이러스 사태는 아마도 리먼 브라더스 사태 이상의 경제적 타격을 유발할 것으로 생각한다.

코로나바이러스 방역 국면에서 보여 준 아베 정부와 고이케小池 도쿄도지사 간의 권력 투쟁 역시 전혀 생산적이지 못했다. 당초부터 아베 정부는 권력 과시 성향이 있는 고이케 도지사에 대한 경계감을 갖고 있었으나, 이후 신종 인플루엔자 등의 대책 마련을 위한 특별법에 의거한 긴급사태 선포를 검토하자 당혹스러워하는 모습을 보였다. 이는 긴급사태가 발령 시 코로나 바이러스 방역 대책의 시행 권한이 중앙정부에서 도지사 측으로 이양되므로, 7월에 예정된 도쿄도지사 선거를 위한 '코이케 극장'의 전개가 불 보듯 뻔했기 때문이다. 그러나 현재는 고이케 도지사의 자숙 요청만으로도 충분히 효과를 나타내고 있어 긴급사태 발령은 부수적인 일이 되어 버렸다.

2021년 3월과 4월은 각급 학교의 신학기가 시작되는 시기이므로 앞으로 추가적인 감염 확산을 막기 위해서 철저한 대비가 필요할 것이다. 예컨대 내가 운영하고 있는 실무가 교육원과 대학·대학원은 20년 전부터 전 과정을 인터넷으로 진행하고 있기 때문에 전혀 영향을 받지 않았다. 물론 졸업식만큼은 오프라인으로 진행해 왔지만 그마저도 올해는 세계 최초로 아바타를 사용한 졸업식을 진행했다. 입학식 역시 줌Zoom을 사용해 전 세계 어디에서든 참가할 수 있도록 하였다. 이처럼 정규 교육의 온라인화는 감염 방지와 교육의 지속이라는 두 마리 토끼를 잡을 수 있는 방법이다.

한편 경영 간부를 대상으로 한 경영학원의 경우 오프라인과 온라인 강의가 반반으로 구성되어 있지만, 수료증서는 블록체인 기술을 이용해 수료생의 스마트폰에 직접 송부하고 있다. 이는 단순히 편리성만을 위한 것이 아니라 차후 이력서 제출 시 활용 등 보안이 중요시되는 부분에서도 서류의 무결성을 담보하기 위함이다.

코로나바이러스로 인한 위기를 계기로 기업과 개인들 모두 언제라도 사이버 수강이나 재택근무에 대응할 수 있는 체제를 갖추는 것이 중요하다.

오오마에 겐이치

한국은 어떻게 대처할 것인가?

노규성 / 한국생산성본부 회장, 경영학 박사

코로나 이후의 키워드, 디지털 대전환

팬데믹이 시작되고 어느덧 반년이라는 시간이 흘렀다. 백신 소식이 있다지만 낙관은 성급할 듯하다. 코로나는 염기쌍이 단순한 RNA 바이러스로 변이가 심해 돌연변이가 생길 때마다 백신을 새로 만들어야 한다. 코로나19는 이미 70여 종의 변종을 창궐하였고 그중 11개가 고위험군에 속하는 것이라고 한다. 팬데믹에서 벗어나기 위해선 생각보다 긴 시간이 필요할지도 모른다. 그러는 동안 우리의 생활 습관과 사회 구조는 어떤 방향으로든 변화하게 될 것이다. 생활 속 거리 두기와 마스크 쓰기가 일상화되고 언텍트에 익숙해진 것처럼, 반찬을 공유하는 우리 식습관에 대한 성찰이 시작된 것처럼 말이다.

어쩌면 세계 질서가 재편될 수도 있다. 지금 우리가 맞이한 재앙은 과거의 그것과 매우 닮아 있다. 인류가 4차 산업혁명을 눈앞에 두고 코로나를 만났다면 인류 역사에는 혁신이 다가오고 있을 때 팬데믹이 일어났던 사례가 한 차례 더 있었다. 그때 세계는 서구 중심으로 질서가 재편되었고 그 질서는 지금도 유효하다. 어쩌면 중차대할 수 있는 시기, 우리는 무엇을 준비해야 하는 걸까? 답을 찾기 전에 14세기 유럽을 먼저 다녀오자.

중국에서 발원하여 실크로드를 따라 1347년 유럽에 전파되기 시작한 흑사병페스트은 불과 4년 만에 유럽 인구의 3분의 1인 2,500만 명을 사망하게 만든다. 상대적으로 안전한 나라는 동떨어진 섬나라 영국이었다. 하지만 300여 년이 지난 후인 1665년에 닥친 런던 페스트 팬데믹은 영국에겐 그야말로 재앙이었다. 런던에서만 인구의 25%를 쓰러뜨리고 18개월 만에 끝이 난다. 전염병이 종식되자 영국은 곧바로 골칫거리를 만나게 된다. 노동력 부족이 그것이다. 단 두 명의 농노만 살아남은 영지가 있을 만큼 상황이 심각했다. 사방이 바다로 막힌 영국이 취할 수 있는 방법은 하나뿐이었다. 그들은 임금을 주고 노동력을 사야 했다. 그 덕에 살아남은 사람들은 노동력을 무기로 임금을 협상할 수 있었다.

환경적응의 관점에서 대영제국의 기틀은 여기서부터 시작된다. 임금노동이라는 근대적 경영 방법을 수용하게 된 사회 구조는 우연치 않게 뒤따라온 18세기 산업혁명의 요구사항과 맞아떨어졌다. 이는 1606년 스페인에서 먼저 증기기관이 만들어졌지만 영국에서 산업혁명을 꽃 피우게 된 요인으로 작용한 것이다.

최초의 산업혁명은 모르는 사이 시작되었다면 4차 산업혁명은 이미 예견되어 있었다. 우위를 놓치지 않기 위해 선진국들은 2011년부터 이 혁명에 뛰어들고 있었다. 이세돌과 알파고의 대결이 그 서막을 세상에 알려주었다면 코로나19라는 복병은 4차 산업혁명을 일반인들도 실감하게 만들었다. 바로 스마트 관제 시스템이다. 어려울 것

없다. K-방역이라는 이름으로 우리는 스마트 관제의 일부를 체험하고 있기 때문이다.

선진국이라고 불리던 나라들의 방역과 의료 체계가 허망하게 무너지는 모습을 지켜보면서 국가와 시스템, 그리고 시민의식에 대한 자부심이 지금처럼 객관적으로 부각된 해는 없을 것이다. 우리가 앞서 있다는 이 자각은 코로나 국면에서 얻은 더할 나위 없는 자산이다. 하지만 미래의 성공이 이것으로 보장되지는 않는다. K-방역의 두드러진 성과가 역설적으로 디지털의 중요성을 세계 각국에 부각시켰기 때문이다. 디지털을 어떻게 활용하느냐에 따라 국가의 운명이 달라진다는 것을 가감 없이 증명했다. 세계는 디지털로의 전환을 가속화할 것이고 경쟁은 더욱 치열해질 것이 분명하다.

스페인에게서 패권을 넘겨받은 17세기 영국은 운이 좋았다. 하지만 이 글의 화두는 국가의 미래를 운에 맡기지 않기 위해 무엇을 준비해야 하는가이다. 무엇을 준비하고 어떻게 변해야 다가오는 미래를 선점할 수 있을까?

디지털 기반 비대면의 급부상

조금씩 익숙해져 둔감해지고 있지만 코로나로 세계가 겪고 있는 패닉은 상상 이상이다. 전시 상황에서나 볼 법한 사재기 현상이 그 단적인 예이다. 최대한 물량을 확보하려는 시장의 불안 심리가 반영된 사재기는 우리나라에서만 일어나지 않았다. 방역의 성공과 성숙한 시민의식을 원인으로 지목하지만 여기엔 숨은 공신이 하나 더 있다. 온라인으로 장보기를 가능하게 한 디지털 유통 인프라가 그 주역이다.

실제 강도 높은 사회적 거리 두기가 시작되던 4월에 온라인 쇼핑 비중이 전년 대비 12.5% 상승했다. 2019년 46개국을 대상으로 총 생필품 판매량에서 온라인 비중을 조사한 자료에 따르면 우리는 이 부분에서 이미 19.1%로 압도적 1위였다. 이 순위는 큰 변동이 없을 것 같다. 우리는 전통시장의 당일 배송 장보기까지 등장했다. 지난해 출시 당시엔 큰 반응이 없었지만 코로나가 터지면서 마트 휴무제로도 살리지 못하던 전통시장의 매출이 급상승했다.

비대면을 위주로 하는 이와 같은 언택트 산업은 코로나 이후 더욱 다양한 방식으로 전개될 가능성이 높다. 감염을 막고자 세계가 원격

근무, 원격 교육을 동시에 체험한 것은 다양한 비즈니스 상상력을 자극할 것임에 틀림없기 때문이다. 예컨대 국토 면적에 비해 의료 인프라가 부족한 중국의 경우 원격 진료를 국가 차원에서 추진하고 있는데 코로나로 인해 굉장한 탄력을 받을 것이 분명하다. 도농간 의료 격차가 심한 다른 나라도 적용이 가능한 사업 모델이라 확산이 빠를 것으로 보인다.

부의 나침반이 이동하고 있다

　이 모든 것에는 디지털이 필수적이며 4차 산업혁명의 기반기술이 관여한다. 언택트뿐만이 아니다. AI, 5G, 빅데이터, 클라우드 컴퓨팅, 블록체인 등으로 대표되는 기반기술들은 서로 융합하며 새로운 산업과 비즈니스 모델을 만들어갈 것이다. 하지만 이 기술혁명을 낙관적으로 바라볼 수만은 없다. 우리에게는 두 가지 문제를 대비해야 하는 숙제가 있다.

　하나는 기술혁명이 불러올 일자리 변화다. 세 차례 산업혁명으로 사라지고 새로 탄생한 직업에서 알 수 있듯 일자리는 먼저 사라지고 뒤늦게 만들어진다. 예컨대 농기계의 발명으로 생산성이 높아지는 만큼 농업 인구는 감소했다. 하지만 원예사, 육묘 재배자, 농촌 지도사, 친환경 농자재 개발사, 식물의사, 토양 및 종자 연구원, 농산물 도매 유통 전문가, 작물보험 에이전트와 같은 새로운 직업은 기술 간 융복합과 산업 사이의 복잡성이 증가한 이후에 나타났다. 그러므로 4차 산업혁명이 가져올 일자리 변화의 충격을 원만하게 넘을 수 있는 준비가 필요하다.

다른 하나는 기술혁명 자체에 대한 준비다. K-방역의 두드러진 성과로 인해 우리가 앞서가고 있는 듯하지만 이는 착각일 수 있다. 우리가 산업에 근본적인 변화가 오고 있음을 감지한 해는 2015년이다. 이 해에 중국은 '중국 제조 2025'를, 일본은 '일본재흥전략 2015'를 선언했다. 독일은 일찌감치 2011년에 '인더스트리 4.0'을 발표했었다. 모두 4차 산업혁명에 대응하는 국가 혁신 전략이다.

미래에는 부의 지형도가 바뀐다. 이미 2020년 글로벌 시총 10위 안에 전통 제조 기업은 사라졌다. 그 자리를 대신한 것은 디지털 기업과 플랫폼기업이다. 이는 산업의 경쟁력이 굴뚝 제조업에서 디지털로 무게 중심이 이동했음을 가리킨다. 이 점에서 2020년 7월에 발표된 한국판 뉴딜은 코로나 위기 대응을 넘어 4차 산업혁명을 준비하는 국가 혁신 전략이며 종합 기획안이다. 코로나 위기 대응에서 확인했듯 속도만큼 중요한 것은 정확한 방향과 변화를 수용하는 자세다. 성숙한 시민의식과 정확한 판단, 잘 짜인 시스템이 만나면 어떤 시너지가 탄생하는지 우리는 경험하고 있다. 18세기 영국은 자신이 앞서 있다는 것을 확신했고 실제로도 그랬다. 그렇다면 한국판 뉴딜은 우리가 앞서 있다는 인식을 극대화하기 위한 전략으로 매우 타당한 것이다.

한국판 뉴딜에 길이 있다

1929년 주식시장의 대폭락과 함께 시작된 대공황은 미국을 넘어 세계에 큰 충격을 준 경제적 재난이었다. 공장과 은행이 줄줄이 파산하면서 1932년에는 미국인의 4분의 1이 실업자가 되고 GDP의 60%가 증발했다. 대공황의 시발점이 된 10월 24일 주식 하락폭은 11%였다. 1987년 10월 19일 블랙 먼데이라고 불렸던 다우존스지수의 하락폭이 22.6%였다는 것을 고려하면 언뜻 이해가 가지 않을 것이다. 1987년의 하락폭이 더 컸지만 대공황은 없었기 때문이다.

경제사학자들은 1929년 주가 폭락을 대공황의 직접적 원인으로 지목하지 않는다. 1920년대 미국 경제의 본질적 문제가 대공황을 야기했다고 본다. 그렇다면 어떤 문제가 있었을까? 1차 세계대전의 피해를 겪지 않은 미국은 종전과 함께 유래 없는 호황을 누렸다. 하지만 1927년부터 공급 과잉과 수요 부족의 징후가 서서히 나타나고 있었다. 기업은 고용을 줄이고 있었고 트랙터로 대변되는 노동 절약형 기계의 출현으로 기술적 실업도 일어났다.

가장 큰 문제는 따로 있었다. 상위 1%가 전체 국부의 47.5%를 소유하고 있었을 만큼 불평등이 심각했다는 점이다. 극소수의 부자들이 10여 년 호황을 누리는 동안 농가 소득은 반토막으로 줄어 들었고 실업률은 내내 7%대였다. 그래서 대다수 국민들에겐 쓸 돈이 없었다.

위기 징후가 분명했지만 정부는 아무런 조치를 내놓지 않았다. 대공황이 발발하고 농민의 3분의 1이 농토를 잃고 떠돌이 생활을 하게 되는, 혼란이 극으로 치닫는 와중에도 대책이 없었다. 제대로 된 타개책이 나온 것은 1933년 루즈벨트가 32대 대통령으로 취임하면서이다. 역사는 이를 뉴딜이라는 이름으로 기억한다.

현재 세계가 겪고 있는 대부분의 상황이 대공황기와 비슷하다. 2018년 이후 세계 경제는 공급 과잉과 수요 부족으로 인해 본격 하강 국면에 접어들고 있었다. 독일과 일본은 실질 성장이 마이너스로 돌아섰고 SOC 투자에 기반한 중국의 성장도 한계에 직면한 상황이었다. 일자리는 만들어지지 않는데 4차 산업혁명으로 인한 기술적 실업의 공포가 대두되었다. 세계 80대 부자가 세계 인구 절반의 부를 소유하고 있을 만큼 불평등은 심각해 있었다. 이 상황에 주식시장의 대폭락에 버금가는 코로나19가 터진 것이다.

1933년 세상에 없던 새로운 합의New Deal가 나올 수 있었던 것은 역설적으로 대공황이라는 파멸적 경험 때문이다. 너무 뚜렷한 위기 앞에 기득권조차 변화를 수용할 수밖에 없었다. 아직 대공황과 같은 대규모 기업 파산이 일어나지는 않았지만 코로나19가 몰고 올 침체와 향후 파장은 결코 가볍지 않다. IMF는 팬데믹의 충격이 사회경제적 약자에 집중되어 소득 분배를 더 악화시킬 것으로 파악한다. 골드만 삭스는 경제에 준 충격을 2008년 글로벌 금융위기의 4배로 본다. 2020년 4월 13일 기준 IMF에 구제금융을 신청한 나라는 83개국으로 IMF 창설 이래 최고 기록이다. 향후 사태 전개에 따라 충격은 더 커질 수 있다. 우리에게 선제적인 뉴딜이 필요한 이유다.

1933년의 뉴딜은 사회적 합의deal에 기반한 구제, 회복, 개혁으로 그 정신을 요약할 수 있다. 한국판 뉴딜의 정신 또한 동일하다. 코로나19의 충격으로부터 빠른 구제 및 회복, 그리고 디지털로의 신속한 개혁이다. 최초의 뉴딜이 토목과 건설에 대한 투자였다면 한국판 뉴딜은 디지털과 그린 경제 활성화를 위한 투자라는 점만이 다르다. 한국판 뉴딜은 감염병 사태에서 일자리를 만들고 내수를 뒷받침하기 위한 버팀목으로서의 투자이며 코로나 극복 이후 글로벌 경제를 선도하기 위한 국가 발전 전략이다.

퍼스트 무버와 패스트 팔로워가 공존해야 한다

대한민국의 전통적인 성장 전략은 패스트 팔로워Fast Follower였다. 선진국의 성공 사례를 빠르게 모방하는 이 전략은 이머징 국가를 비롯해 모든 후발 주자들이 공통으로 쓰는 성장 전략이다. 성공한 것만을 모방하기에 쉬울 듯하지만 반드시 그렇지만은 않다. 이머징 국가들 중에서 빠른 추격으로 성공한 나라는 동아시아뿐이라고 해도 과언이 아니다. 일본이 이 전략으로 1980년대 세계 선두 그룹에 진입했고 우리는 1990년대가 되어 세계 수준의 경쟁력을 얻었다. 그리고 2000년대에는 철강, 석유화학, 조선, 자동차, 반도체, 디스플레이, 가전제품 등의 영역에서 세계 최고 수준에 도달한다.

패스트 팔로워 전략이 시효를 다했고 퍼스트 무버First Mover로서 움직여야 한다는 이야기가 본격적으로 나온 것은 이때부터이다. 퍼스트 무버가 산업의 변화를 주도하고 새로운 시장을 개척하는 창의적인 선도자로 성공하면 선발 주자로서의 이점을 누릴 수 있다. 한동안 블루오션에서 독과점을 행사한다. 애플이 후발 안드로이드 진영의 맹렬한 공격에도 점유율을 놓치지 않은 것과 같다. 하지만 퍼스트 무버에게 이점만 있는 것은 아니다. 블루오션은 곧 레드오션이 된다. 리스크 관리, R&D에 실패하거나 경영상의 실수를 하면 우월적 지위를 놓칠 수 있다. 포드와 GM, 야후와 구글, IBM과 휴렛팩커드, 워드퍼펙트와 MS 워드의 사례가 대표적이다. 모두 모방자에게 따라잡혔다.

기업의 역사에는 이런 사례가 끝도 없다. 쫓아가는 자가 앞서가는 자보다 유리할 수 있다. 열심히 쫓아가다 보니 어느 순간 1등이 되는 것이다. 애플의 전 CEO 존 스컬리가 "팀 쿡이 이제 삼성 따라 하기 전략을 펼치고 있다."라고 2018년 야후 파이낸스와 인터뷰한 것도 그 예이다. 영원한 추격자일 것만 같던 삼성이 어느새 선도자의 위치에 섰다. 삼성만이 아니다. 가전의 LG, 수소차의 현대, 철강의 포스코 등등 우리 기업 대부분이 퍼스트 무버로서 움직인다. 문제는 퍼스트 무버와 패스트 팔로워와의 선순환이 안 된다는 데에 있다. 여러 대기업이 1980~90년대 세계 경제의 퍼스트 무버로 등극했으나 지금 대한민국 산업 생태계는 건강하지 않다. 대기업 이외에 주목할 만한 퍼스트 무버가 잘 보이질 않으며 이들을 뒤쫓는 패스트 팔로워도 찾을 수 없다.

코로나19 이전, 미국의 경우 매년 60만 개에서 80만 개의 회사가 창업을 하고 200만 명이 창업에 도전한다. 우리처럼 생계형 창업이 아니라 대부분 기술형 창업이다. 소프트웨어, 반도체, 의료기기, ICT, 바이오처럼 일자리 창출과 산업 생태계 전반에 영향이 큰 하이테크 산업에 집중되어 있다. 그 때문에 석박사 인력의 창업 비율이 50%가 넘는다. 우리는 이 비율이 겨우 5%에 불과하다. 포드와 GM,

야후와 구글, IBM과 휴렛팩커드, 워드퍼펙트와 MS워드의 자리 바꿈이 어떻게 일어났는지 주목하자. 퍼스트 무버도, 패스트 팔로워도 모두 미국에서 나왔다.

한국판 뉴딜의 성공은 퍼스트 무버와 패스트 팔로워가 지속적으로 나타날 수 있는 환경 조성에 달렸다. 미국의 경제가 그렇게 움직인다. 개척자와 추격자가 끊임없이 출현한다. 추격형에서 선도형으로 전환하겠다는 한국판 뉴딜은 퍼스트 무버로 올라선 대기업의 행보와 발을 맞추겠다는 이야기가 아니다. 선도 국가, 퍼스트 무버 국가는 끊임없는 기업가 정신으로 약동하는 나라다. 뉴딜의 정신이 그런 나라를 만든다.

포용이 뉴딜을 완성한다

코로나19가 발병하기 이전 우리 경제를 복기해 보자. 1997년 외환 위기 이후 대한민국 경제는 5년마다 평균 1%씩 성장률이 하락하는 추세였다. 김영삼 정부 시절 6%였던 성장률은 김대중 정부에 오면 5%, 다시 참여정부에서 4%, MB 정부에 와서 3%대로 떨어졌다. 외환 위기 직전까지 평균 8~9% 성장했지만 성장률이 추세적으로 낮아지면서 대한민국 경제가 안고 있던 모순이 점차 표면으로 드러났다.

예컨대 세계불평등데이터베이스WID의 자료에 따르면 2012년 우리나라의 상위 10%가 전체 소득의 42.7%를 가져갔다. 세계에서 가장 높은 불평등을 보인 미국47.1% 다음으로 높은 수치다. 자산의 불평등도 심각하다. 2013년까지의 통계가 나왔는데 상위 1%가 국가 전체 자산의 25%를 차지했고 상위 10%는 65.7%를 갖고 있다. 반면 하위 50%가 전체 자산에서 차지하는 비중은 1.8%에 불과하다.

소득 재분배 정책은 논외로 하자. 불평등이 이렇게 심화된 이유는 양질의 일자리가 만들어지지 않았다는 데에 있다. 상위 10%가 되기 위한 경계소득은 연소득 5,141만 원이지만 우리나라에서 이 정도 임금을 받기 위해선 대기업, 금융권, 공기업 정규직이어야 한다. 하지만 이런 일자리는 많지 않다. 특히 자동화, 글로벌화로 인해 대기업의 성장은 일자리 창출로 이어지지 않는다. 한때 미국에서만 80만 명을 고용하던 GM의 2017년 글로벌 고용 규모가 18만 명이라는 것이 단적인 예이다.

대기업은 지속적으로 노동력을 감축하는 방향으로 성장해 왔고 앞으로도 그럴 것이다. 따라서 추격형 경제에서 선도형 경제로 방향 전환을 해야 하는 대한민국으로선 크게 두 가지 숙제를 해결해야 한다. 불평등을 감소시키고 양질의 일자리를 만들어 내는 것이다. 이는 루즈벨트의 뉴딜이 대공황을 벗어나기 위해 고민했던 숙제와 동일하다.

루즈벨트의 뉴딜이 토목 공사를 통해 일자리를 창출했다면 한국판 뉴딜은 대규모 디지털 인프라 구축을 통한 일자리 창출이다 디지털뉴딜. 동시에 탄소 의존에서 저탄소, 친환경으로 경제기반을 전환함으로써 글로벌 시장을 선도하기 위한 전략이다 그린뉴딜. 현 정부는 두 사업에 2022년까지 총사업비 67.7조 원을 투입해 일자리 88.7만 개를 창출하고 2025년까지 160.0조 원을 투자함으로써 일자리 190만 개 창출을 목표로 하고 있다.

이 한국판 뉴딜이 성공하기 위해 반드시 함께 가야 하는 것이 포용이다. 디지털·그린 경제로의 전환 과정에 신기술, 신산업 일자리가 늘어나고 플랫폼 노동, 원격 근무처럼 일자리 형태가 다양하게 진화하는 긍정적 효과만 있지 않기 때문이다. 이 과정에서 일자리 미스매치와 저숙련 노동을 중심으로 실업이 일어날 가능성이 크다. 이미 코로나로 인해 노동 집약 분야, 소상공인에 피해가 집중되고 있다는 점에서 실업과 소득 격차 완화를 위한 안전망은 더욱 절실하다.

　루즈벨트의 뉴딜은 경제적 약자를 끌어안는 포용이다. 최저임금, 근로시간 제한, 사회보장제도, 실업수당과 같은 사회안전망이 모두 이때 도입되었다. 한국판 뉴딜 또한 직업훈련, 구직 지원, 임금 지원 등과 같은 다양한 사회안전망, 고용안전망이 확충되도록 설계되어 있다. 경제 주체들을 끌어안지 않고 사회 구조적 변화를 끌어낼 수 없다. 포용이 함께 해야 디지털 경제, 그린 경제로의 전환을 원활하게 끌어낼 수 있는 것이다.

스마트한 정부, 일하는 국회가 필요하다

　대영제국의 토대가 된 영국의 산업혁명은 증기력, 운송수단, 직물 생산 등에서 잇따른 기술적 변화가 원동력이었다. 이 기술적 변화를 바탕으로 새로운 일자리가 만들어졌고 가계 소득이 급격하게 증가했다. 혁신적 기술이 일자리 창출로 이어질 수 있었던 것은 포용적 경제제도가 이미 완성되어 있었기 때문이다. 1688년 명예혁명을 기점으로 영국은 착취적 봉건국가에서 근대국가로 탈바꿈했다. 피 한 방울 흘리지 않고 명예롭게 이루어졌다고 하지만 그 과정이 순조로웠던 것은 결코 아니다. 기득권의 저항이 있었다.

　예컨대 흑사병의 최대 피해자는 농민 계급이었지만 기득권은 이들의 노역을 줄여줄 생각이 없었다. 각종 벌금과 규제, 법률을 제정하여 이들의 목소리를 억누르려 했다. 하지만 농민들은 순순히 물러나지 않았다. 각지에서 농민반란으로 대응했다. 반란이 좀처럼 잦아들지 않자 기득권은 결국 양보하게 된다. 봉건적 노역은 차츰 자취를 감추었고 임금을 바탕으로 한 근대적 노동시장이 발달하면서 임금도 상승세를 탔다. 이 임금 상승은 노동 생산성이 향상되는 효과를 낳고 의도하지 않은 선순환을 만들었다. 잉여 생산물을 바탕으로 상업이 발달하면서 새로운 계급, 부르주아Bourgeois가 탄생한 것이다.

명예혁명은 새롭게 등장한 부르주아계급의 이익을 대변하려는 의회와 절대왕권을 수호하려던 왕당파의 마지막 충돌이다. 이 충돌에서 의회 권력이 승리함으로써 다양한 경제 주체들의 이익을 보호하는 지속적인 개혁이 이루어질 수 있었다. 왕실 독점이었던 무역은 민간에게 넘어갔고 임금노동을 바탕으로 지주낮은 귀족계급인 에스콰이어와 젠트리, 그리고 자유농민계급이 만들어졌다. 이른바 상업 자본과 지주 자본이 만들어진 것이다. 그리고 이들이 축적한 막대한 자산은 산업혁명이 필요로 하는 거대 자본이 되어 산업혁명을 완성시키는 요인으로 작용한다.

산업혁명 이전의 영국을 다소 길게 언급한 것은 다름이 아니다. 앞으로 우리가 겪게 될 문제와 해결해야 될 사안 역시 이와 비슷하게 흘러갈 것이기 때문이다. 경제기반을 디지털과 친환경으로 바꾸는 과정에서 필연적으로 구조조정이 일어나게 된다. 이 과정에서 여러 경제 주체들의 이해관계가 충돌하고 갈등이 표면화될 것이다. 코로나로 인해 변화의 당위성이 커진 상태에서 정부의 역할이 무엇보다 중요한 이유가 여기에 있다.

코로나 이후까지 내다보아야 할 정부는 빠르고 강해야 하며 능동적이어야 한다. 이미 코로나 대응 과정에서 각국 정부의 권한은 어느 때보다 막강해져 있다. 이로 인해 코로나 이후 세계가 권위주의로 회기할 것이라는 전망이 있지만 권위주의를 경험한 적이 있는 우리로서는 이 점을 경계해야 한다. 권위주의적 정부는 약한 경제 주체들의 목소리를 반영하지 못한다. 강한 정부는 권위주의에서 만들어지는 것이 아니다. 빠르고 복잡하게 변화하는 환경에 대응하기 위해선 권위주의가 아니라 스마트해져야 한다.

스마트한 정부는 다른 것이 아니다. 투명성과 민주주의, 다원주의 원칙을 지키는 정부가 스마트한 정부이다. 예컨대 일본의 무역 보복에 맞서 소재, 부품, 장비의 경쟁력을 강화하기 위해 정책 협업에 성공한 경험이 우리에게 있다. 이 협업이 성공할 수 있었던 요인은 다름이 아니다. 부처 간의 투명한 정보 공개, 수평적 질서에 기반한 협의체의 활성화였다. 깜깜이 칸막이 행정이 아니라 열린 행정에서 나왔다.

공직 사회의 디지털 역량을 강화하는 일은 스마트 정부가 되기 위한 필수 요건이다. 영국과 미국은 각각 2011년과 2014년부터 범정부 차원에서 디지털 전환을 추진했으며 4차 산업혁명에 맞게 조직을 개편한 것은 2017년이다. 우리는 참여정부 때의 전자정부를 제외하고 뚜렷한 정책이 없었다. 혁신 성장을 표방한 현 정부 들어 필요성이 대두되었고 올해 디지털혁신비서관을 내정하며 비로소 디지털 전환을 총괄하는 자리가 만들어졌다.

늦은 것은 아닌가 하겠지만 반드시 그렇지만은 않다. 공직 사회의 디지털 역량은 직접적인 개발 역량이 아니다. 4차 산업혁명의 방향성을 이해하고 적절한 정책적 지원을 내놓을 수 있으면 된다. 이를 위해 정부 기관의 재빠른 디지털 전환이 필요하며 디지털 전문지식이 풍부한 공직자가 많아야 한다. 채용 제도를 개선하고 기존 공무원들의 디지털 직무 직능 강화가 동반되어야 할 것이다.

아울러 국회는 정쟁 일변도의 모습에서 벗어나 일하는 국회가 되어야 한다. 4차 산업혁명 시대의 핵심 자원인 데이터를 활용하기 위한 데이터 3법 개정안이 올 1월에야 통과되었을 만큼 국회는 제 기능을 하지 못했다. 불필요한 규제를 폐기하고 새로운 산업에 필요한 법안은 신속히 처리하는 국회가 되어야 한다. 아울러 재건축 특혜 3법에서 드러났듯 이해 당사자가 관련 상임위를 맡는 불투명한 관행은 철폐되어야 한다. 최초로 자동차를 만들고도 마차조합의 이권에 편승해 말보다 빨리 달리지 못하도록 자동차 속도를 묶어 놓았던 영국의 적기조례 Red Flag Act처럼 자칫 미래 산업의 성장을 가로막는 시대착오적 법안을 만들 수 있기 때문이다.

급변하는 환경 속에서 정치는 낙오되는 주체들을 포용하고 기득권의 저항을 슬기롭게 무마할 수 있어야 한다. 정부와 국회가 어떤 역할을 하느냐에 따라 대한민국은 18세기 영국의 길을 걸어갈 수도 있고 동유럽과 같은 낙오를 선택할 수도 있다. 느리지만 영국처럼 변화해간 서유럽과 19세기까지 봉건제를 유지했던 동유럽의 격차는 그때 벌어져 지금도 유지되고 있음을 기억하자. 무엇보다 정치가 현명해져야 한다.

미래 교육, 에듀테크에 달렸다

　코로나로 인해 교육이 겪어야 했던 대표적인 변화는 온라인 수업이다. 공급자_{학교, 교사}와 수요자_{학부모, 학생}의 입장에선 임시방편으로 여겨졌겠지만 온라인 교육은 디지털과 결합하게 될 미래 교육의 한 단면이다. 코로나 이전에 이미 미래 교육은 시작되고 있었다. 미네르바 대학이 그 한 예이다. 2016년에 개교한 이 대학은 전통 교육의 필수 공간인 캠퍼스가 없다. 대신 서울을 비롯한 세계 주요 도시 7곳에 기숙사가 있다. 학생들은 4년 동안 주요 도시의 기숙사를 돌며 현지 문화와 산업을 배운다. 필요한 수업은 모두 온라인으로 이루어진다. 이 대학은 불과 4년 만에 가장 우수한 학생들이 입학 경쟁을 벌이는 명문대학으로 성장했다. 미국 사립대학의 3분의 2에 불과한 등록금으로 글로벌 감각을 키울 수 있을 뿐만 아니라 인문학에서부터 비즈니스, 코딩에 이르기까지 전 분야를 통섭해 배우기 때문이다. 학생들은 이른바 미래 사회가 요구하는 융합형 인재로 성장한다. 한국판 뉴딜이 의도적으로 변화를 유도하고 지원해야 할 분야가 있다면 바로 교육 분야이다.

디지털과 교육이 만난 미래 교육은 에듀테크Edu Tech로 집약된다. 탄탄한 디지털 인프라로 온라인 수업을 했지만 우리는 이 분야에 있어 후진국이다. 현 정부 들어서 겨우 주목을 받았다. 현재 교육 혁명을 주도하고 있는 곳은 미국, 중국, 인도, EU 그리고 영국이다. 미국은 공립학교를 중심으로 에듀테크를 적극 도입하고 있고 EU는 개방교육자원OER, 유럽2020 이니셔티브 등의 유관단체가 주도한다. 영국은 매년 1조 원 이상의 교육 관련 기술 투자가 이루어지며 민간과 정부가 긴밀한 협조를 통해 에듀테크 생태계를 구축하고 있다. 여기에 에듀테크 글로벌 유니콘 기업 7개 중 6개가 중국 기업일 만큼 중국의 성장세도 가파르다. 북유럽 3국 역시 에듀테크 기반의 교육 혁명을 진행 중이다.

우리의 경우 늦었지만 앞서 언급한 것처럼 속도만큼 중요한 것이 방향이다. 방향만 정확하다면 속도는 따라잡을 수 있다. 이를 위해선 학교와 교사에게 자율성을 부여해 민간의 우수한 에듀테크 콘텐츠를 전폭적으로 수용할 수 있도록 해야 한다. 예컨대 미국에서 개발된 사칙연산과 게임을 접목한 디지털 교재는 전통적인 수업보다 훨씬 효과적이다. 게임 캐릭터의 능력치를 키우며 기초 셈법을 배우도록 설정되었는데 학생들의 집중도와 자율학습치가 놀라울 정도로 향상되었다고 한다. 이와 같은 민간의 우수한 에듀테크가 공교육 현장에 즉각적으로 적용되기 위해선 전통적인 탑다운Top-down 방식의 교육 행정은 부적합하다. 학교 현장이 자율적, 능동적으로 움직이고 행정은 이를 지원해 주는 바텀업Buttom-up 방식이 유효할 것이다.

아울러 자체 에듀테크 산업을 키워야 한다. 글로벌 에듀테크 시장은 어마어마한 규모로 성장하는 중이다. 우리나라에서 자생적인 에듀테크 시장이 형성된 것은 2010년 즈음이다. 그동안 제도와 규제 속에서 성장이 어려웠고 공교육에서의 차가운 시선과도 싸워야 했다. 불필요한 규제는 철폐해야 하겠지만 공교육 시장을 통해 에듀테크 생태계가 활성화되고 수출을 지향하도록 지원할 필요가 있다. 이 점에서 교육 소비자와 에듀테크 공급자가 끊임없이 상호 소통하고 지원할 수 있는 통합 플랫폼 구축이 절실하다.

그뿐만 아니다. 에듀테크 생태계가 잘 작동하기 위해선 그 밑거름이 되는 교육 현장의 인프라가 완전히 바뀌어야 한다. 다행히 한국판 뉴딜에서는 온라인 수업에서 겪은 과부하 해소를 위해 초중고 전체에 고성능 WiFi와 클라우드 컴퓨팅 시스템을 구축하고자 한다. 또 교원들의 PC와 노트북을 최신형으로 교체한다. 그뿐만 아니다. 전국 39개 국립대의 노후 서버와 네트워크 장비를 교체하고 이들의 디지털 역량 강화를 적극 지원하고자 한다.

2020년 2학기에도 비대면 수업이 진행되고 있다. 한 학기만을 경험했음에도 온라인 수업의 질과 내용 부족으로 학교의 필요성이 의문시된 예가 많았다. 단기적인 해법은 앞서 이야기한 것처럼 민간 분야의 콘텐츠를 공교육이 이용할 수 있도록 하는 것이다. 그동안 에듀테크는 사교육이라는 편견으로 인해 공교육으로의 진입이 어려웠지만 다행히 이 편견이 깨졌다. 따라서 한국판 뉴딜은 향후 이를 위한 제도적 여건과 교원들 간의 디지털 역량 격차를 해소하기 위한 방안을 마련해야 한다. 중장기인 해법은 디지털 교과서 기반 수업 사례를 축적해 새로운 교수·학습 모델이 개발되도록 유도하는 것이다. 이 중장기 대책의 성패는 교육 현장의 인프라 확충과 통합 플랫폼의 완성에 달렸다.

디지털 기술의 융합은 미래 교육을 완전히 바꾸어 놓을 것이다. 코로나 공존 시대에는 VR·AR의 결합으로 물리적 제약이 해소되고 네트워트를 통해 즉각적인 피드백이 오고가며 인공지능을 활용한 개인 맞춤형 교육이 실시된다. 이를 실감화, 연결화, 지능화라고 부른다. 이제 교육 산업은 모든 산업의 메타산업으로 외연을 확장할 것이다. 한국판 뉴딜이 교육에 지속적인 투자가 이루어져야 하는 이유가 여기에 있다.

디지털과 그린, 성장을 이끄는 수레바퀴

3차 산업혁명 시대의 경제는 파이프라인 경제였다. 생산에서 소비에 이르기까지 기업에 의해서 폐쇄적으로 통제되었기 때문이다. '기획→연구개발→제조→마케팅→판매→피드백→기획'으로 이어지는 가치사슬에서는 소비자가 참여할 여지가 없다. 이제 이런 파이프라인 경제는 막을 내리게 된다. SNS와 디지털 네트워크의 발달로 소비와 생산이 직접 연결되었기 때문이다. 제품의 기획, 디자인, 제조 등의 과정에 소비자의 기호가 실시간으로 반영된다. 4차 산업혁명 시대의 경제는 쌍방향 경제이자 네트워크 경제로 변한다.

기업 마케팅에 막대한 영향을 끼치고 중소기업 수준의 매출을 기록하는 인플루언서가 출현한 것이 그 증거이다. 인플루언서는 돌연변이가 아니다. 3G 시대, 기업 활동의 도구로 활용되던 파워 블로거의 진화형이다. 디지털 인프라가 3G에서 4G로 바뀌면서 출현했다. 실시간 스트리밍이 가능해지면서 성격도 바뀌었다. 중소기업 수준의 일자리를 만들어 냈다. 단순 개인 블로거에서 기업형으로 진화한 것이다. 5G 시대가 전개되면서 전에 없던 직업군, 새로운 기업을 기대하는 이유도 여기에 있다.

문제는 인프라 구축으로는 수익을 창출하는 기업이 드물다는 점이다. 4G의 과실을 가져간 기업은 플랫폼을 선점한 애플, 넷플릭스, 아마존이었지 인프라를 구축한 기업이 아니었다. 기업이 아니라 국가가 인프라 투자에 적극 나서야 하는 이유가 여기에 있다. 여기에 기후 변화에 대응하기 위해 세계가 저탄소 경제로 이행하고 감염병 위기로 자연 생태계 보전과 지속 가능한 성장을 고민하는 시점이기도 하다. 한국판 뉴딜은 디지털로의 이행과 그린으로의 전환을 동시에 이룩해야 한다.

　다행히 디지털 경제와 그린 경제는 각기 다른 방향으로 뛰는 두 마리 토끼가 아니다. 예컨대 독일의 지멘스는 2015년 디지털 기술을 접목해 공장 전체를 스마트공장으로 전환하면서 생산량을 8배 상승시켰다. 생산 부품 수는 5배나 늘어난 1,000종류 이상이지만 불량률은 0.0009%으로 줄었다. 그런데도 에너지 소비량은 기존 공장 대비 30% 수준에 불과하다. 또 영국의 식음료 유통기업 테스코는 냉장 데이터 분석으로 3,000개 점포의 냉장 비용을 연 20% 절감하고 있다. 디지털 전환이 곧 그린이고 저탄소이다.

　우리에겐 5G를 최초로 상용화하고 우수한 하드웨어를 갖고 있다는 강점이 있다. 문제는 산업계와 교육계의 활용도가 낮다는 점이다. 아직 인프라는 미비한데 가격은 비싸기 때문이다. 교육계는 언급되었으니 여기선 산업계의 문제를 짚자. 먼저 코로나19로 인한 비대면 확산과 사회경제 전반에서 디지털 전환으로의 가속이 확실시됨에도 중소기업과 소상공인들은 여전히 디지털 역량과 자본이 부족하다.

따라서 이들이 디지털 전환에 성공할 수 있도록 지원하는 것이 한국판 뉴딜의 성공 조건이다.

둘째로 교통, 수자원, 도시, 물류 등의 기반시설 역시 디지털로의 전환을 기다리고 있다는 점이다. 지능형 교통 시스템 건설, 국가 어항 디지털 관리 체계 완비, 정밀 도로지도 작성, 국가 하천 및 댐 원격 제어 시스템 구축, 자연재해 대비 등 대규모 SOC의 디지털화를 기다리는 곳이 여기저기에 산재한다.

셋째는 물류 체계의 스마트화이다. 로봇·IoT, 빅데이터와 인공지능을 활용하는 물류 체계 구축엔 대규모 자본이 필요하다. 따라서 중소기업을 위한 스마트 공동 물류센터와 전자상거래 물류 단지 구축에 뉴딜의 지원이 있어야 한다. 해운 물류 체계의 스마트화도 빼놓을 수 없으며 공공급식 식자재를 거래하고 관리하는 통합 플랫폼 구축에도 뉴딜의 손길이 닿아야 한다.

넷째는 공공의료 체계의 스마트화와 돌봄 인프라 구축이다. 예컨대 코로나19 대응 과정에서 보았듯 팬데믹이 일어났을 때 한동안 병실 부족을 겪었었다. 5G, IoT 등의 기술로 원격지에서의 입원 환자 실시간 모니터링 체계, 의료기관 간 협진 네트워크 등을 구축해 가용 자원을 효율적으로 활용할 수 있도록 시스템을 바꾼다. 노령화를 대비한 돌봄 서비스와 고혈압, 당뇨 환자를 대상으로 한 원격 관리 시스템에도 공공재 투입을 필요로 한다.

마지막으로 정부 및 공공기관 역시 5G, AI 기반으로 바뀌어야 한다. 개인 맞춤형 공공 서비스를 신속 처리하기 위해서도 디지털화가 급선무이지만 산업 전반의 데이터 기반 효율화와 데이터 산업 육성을 위해 정부, 공공기관 및 지자체가 사회 전반에 걸쳐 수집한 공공 데이터의 대대적인 데이터 댐 구축, 개방 및 활용도 절실하다. 가장 먼저 공공 데이터를 적극 개방한 영국은 이를 기반으로 세계의 데이터 시장을 선도하고 있다. 양질의 공공 데이터는 그 자체로 민간의 비즈니스 욕구를 자극할 수 있다는 점에서 뉴딜의 의도와 부합한다고 하겠다.

달라지는 기업의 경쟁력, 달라지는 노동

지난해까지 우리나라 스마트공장 구축 실적은 1만 2,660개다(실제 잘 가동되고 있는 수치는 다르다). 코로나의 영향을 받지 않는다면 올해 5,000여 곳이 추가로 더 보급된다. 이를 위해 예산은 전년 대비 4,150억으로 대폭 인상되었다. 사업을 주도하는 정부는 2022년까지 3만 개 중소기업을 스마트공장으로 탈바꿈시킬 계획이다. 현재 경기, 경남, 울산 등 산업단지를 중심으로 인공지능을 통해 자율 운영이 가능한 고도화 전단계인 '중간 2단계'가 보급되고 있으며 2025년이면 인공지능과 5G가 결합된 첨단 스마트공장 1,000개를 구축하게 된다.

정부가 자본력이 약한 중소기업과 산업단지를 중심으로 디지털화를 지원하고 있다면 대기업은 중견기업을 대상으로 스마트화 구축 사업에 나섰다. 예컨대 삼성SDS는 국내 커피 1위 기업인 동서식품의 스마트공장을 구축했으며 포스코ICT, CJ올리브네트웍스 등도 중소·중견기업의 스마트공장 구축에 나서고 있다.

이렇듯 산업 전반에 걸쳐 스마트화를 서두르는 것은 미래는 디지털 역량에 의해 기업의 경쟁력이 판가름 나기 때문이다. 예컨대 포스코제철의 경우 사람이 모든 주문 조건을 확인하고 제조 가능 여부를 수작업으로 계산하던 방식을 인공지능이 판단하도록 설계함으로써 기존 12시간 걸리던 전처리 작업 과정_{소Lot공정}을 1시간으로 줄였다. 2시간마다 접촉식 온도계로 확인하던 쇳물 온도는 센서를 통해 실시간으로 파악한다. 한마디로 스마트화에 따라 생산성이 극명하게 달라진다.

여기서 오해가 있다. 흔히 스마트화가 곧 기업의 경쟁력이라는 생각이다. 정확히 말하면 디지털 역량이 기업의 경쟁력이다. 더 정확히는 스마트 시스템을 다루는 사람의 디지털 역량이다. 걱정과 달리 일부 노동 집약적 제조업을 제외하고 스마트화에 따른 기술적 실업은 일어나지 않고 있다. 지멘스는 단계별로 스마트화하는 과정에서 한 명의 노동자도 해고하지 않았고 포스크의 경우엔 고용을 늘렸다. 이런 기업의 구성원들은 단계별 고도화에 따라 자연스럽게 디지털 역량을 강화할 수 있다. 문제는 기술적 실업군과 취업을 앞둔 산업 예비군들의 디지털 역량이다.

일부 서비스업을 제외하고 디지털 역량을 갖추지 않고 살아남을 수 있는 개인은 없다. 해결책은 새로운 것이 아니다. 교육, 연수, 재교육만이 답이다. 이를 위해선 실무형 지역 인재와 선도형 중앙 인재 육성이라는 두 가지 차원에서 접근해야 한다.

실무형 지역 인재는 (재)취업 희망자를 대상으로 지역 특화 산업과 관련된 산업 맞춤형 교육시장을 육성하는 것이다. 지자체와 산업계가 연계하고 지역 대학과 기업이 주도하는 취업 연계형 디지털 교육이 이루어져야 한다. 산업연구원의 2015년 분석에 따르면 서울, 대전, 경기, 울산, 대구, 광주, 인천을 제외한 대부분의 광역시와 도가 인재 유인력이 떨어지는 것으로 나타났다. 지방의 지속적인 발전과 정주 인구 증가를 위해선 지역 기업이 필요로 하는 실무 맞춤형 디지털 교육과 이에 대한 정책적 지원이 필요하다.

선도형 중앙 인재 육성은 4차 산업혁명을 주도하기 위한 인력 양성이다. 이 부분에 있어 지난 10년간 사실상 공백 상태였다. 현재 정부는 2023년까지 클라우드, 빅데이터, VR/AR, 인공지능에서 1만 명의 선도형 인재를 육성하기 위해 민관 협력 체제와 해외 네트워크를 강화하고 있다. 또 혁신 인재 양성 기관도 확대할 방침이다. 예컨대 인공지능을 연구하는 대학은 3곳에서 8개로, 소프트웨어 중심 대학은 35곳에서 40곳으로 늘릴 계획이다.

아울러 융합형 대학원을 설립을 간구할 필요가 있다. 기술과 기술을 융합시켜 새로운 비즈니스와 신산업을 만들기 위해선 다양한 배경을 가진 인재들이 디지털을 중심으로 모여야 한다. 경영학과 경제학도가 핀테크 분야에서 신사업을 창출하고 사회학도와 행정학 전공자들이 행정 서비스와 복지 시스템의 혁신을 이끌어낼 수 있어야 한다. 또 생물학도와 의대생들이 연합해 바이오헬스 산업을 주도할 수 있어야 한다. 이를 위해 거점 대학을 중심으로 중장기적인 계획을 세울 필요가 있다.

국가의 정책적 지원과는 별도로 중소기업 스스로도 생존을 위해 디지털 역량을 꾸준히 확충해야 한다. 팬데믹으로 인한 퇴조도 있지만 코로나 이후 산업의 경쟁력은 디지털 역량 확보 유무에 따라 극명하게 달라진다. 기술 축적과 인재 확보만이 강소기업으로 성장하는 열쇠다. 글로벌 기업으로 도약하고자 하는 중소기업이라면 한국판 뉴딜이라는 공적 지원을 적극 활용할 필요가 있다.

예컨대 일본의 쇼웨이 로코가 판금성형 하청업체에서 벗어나 여과기 제조 강소기업으로 탈바꿈할 수 있었던 것은 1990년 가나가와현의 공적 지원제도를 활용한 덕이다. 사장은 매니지먼트 스쿨에 입학해 경영 전반에 대해 다시 학습했으며 공적 보조금은 모두 기술개발에 투자했다. 지자체의 후원 아래 게이오대학과의 산학협력도 적극 추진한 이 기업은 15년 만에 업계 점유율 10%를 넘어섰다.

중소기업에게 한국판 뉴딜은 이런 기회가 되어야 한다. 다시 말하지만 스마트공장화가 미래를 보장하지 않는다. 덜 주려는 원청의 간섭에서 벗어나 독자 기술을 판매할 수 있는 강소기업이 되어야 살아남는다. 디지털 전환으로 배가된 생산성은 인재 확보에 투자되어야하며 디지털 뉴딜이 추진하는 산학협력에도 적극적이어야 한다. 경영 방식도 수직적 문화에서 벗어나 애자일 방식으로의 전환이 필요하다. 부서 간 경계를 허물고 직급체계 없이 팀원 개인에게 결정 권한이 부여되는 애자일 방식은 속도와 협업을 중시하는 디지털 선두기업의 경영 기법이다. 새 술은 새 부대에 담듯 스마트화된 중소기업 역시 새로운 경영 패러다임에 적응해야 할 것이다.

새로운 글로벌 연대를 주도하라

아직 재난이 진행형이지만 전염병의 역사가 알려주듯 언젠가는 종식된다. 대유행이 지나면 사회와 그 구성원들은 전에 없던 새로운 질서를 받아들였다. 예컨대 19세기 콜레라 대유행은 국가가 직접 상하수도 시설을 관리하게 만들고 공공의료 체계가 완비되게끔 했다. 예전엔 민간의 영역이었고 국가가 관여한다는 것은 상상할 수 없던 일이다. 지금은 이게 상식이다. 국가가 나서 이런 일을 하지 않으면 후진국 취급을 받는다.

코로나 이후의 세계 역시 변화할 것이다. 긍정적 방향으로의 변화만 있지는 않을 것이다. 근본적인 변화를 요구할 만큼의 큰 위기가 닥치면 세상은 항상 양방향으로 변해왔다. 흑사병의 영향으로 영국이 포용적 근대 국가로 변모하고 있을 때 동유럽은 약탈적 봉건주의를 강화했다. 미국이 뉴딜을 시행하고 있을 때 독일, 이탈리아, 일본엔 파시즘 정권이 들어서고 있었다. 전문가들이 예상하는 코로나 이후의 미래도 크게 다르지 않다. 어딘가는 보다 투명하고 민주적인 나라로 변모할 것이고 다른 어딘가는 권위주의를 강화할 것이다.

전문가들은 코로나 이후의 변화를 크게 세 가지로 짚는다. 세계화의 후퇴, 케인즈주의의 복귀, 보호주의의 대두이다. 불과 몇 달 사이에 세계 팬데믹이 일어난 만큼 세계화의 후퇴는 당연하다. 세계가 지금처럼 촘촘히 연결되어 있지 않았다면 방역에 더 많은 시간을 벌 수 있었을 것이다. 케인즈주의의 복귀는 코로나 이전부터 예견된 일이었다. 40여 년 지속된 신자유주의의 영향으로 부의 불평등이 심각해졌기 때문이다. 코로나는 복귀의 방아쇠를 당긴 것뿐이다. 보호주의의 대두 역시 거스를 수 없다. 글로벌 공급망에 의존하던 선진국들이 마스크 하나 생산하지 못해 서로 약탈전을 벌여야 했던 것이 세계화의 현실이었다.

이와 같은 대응 과정에서 어떤 곳은 권위주의가 힘을 받게 되고 다른 곳은 보다 민주적인 절차가 힘을 얻게 될 것이다. 역사학자 유발 하라리는 봉쇄와 감시 추적 장치로 코로나에 대응한 중국과 이스라엘을 전자에 두고 투명한 정보 공개와 폭넓은 테스트, 시민의 자발적 참여로 대응한 한국과 싱가포르, 대만을 후자로 언급한다. 그는 시민사회가 권위주의로의 회기를 감시해야 하며 민족주의적 고립이 아닌 글로벌 연대를 모색해야 할 시점이라고 했다. 그의 처방은 코로라 극복에 초점을 맞춘 것이지만 한국판 뉴딜에게 시사하는 바가 있다.

한국판 뉴딜은 코로나에 따른 경제 위기와 코로나 이후의 회복에 초점에 맞추어져 있어 향후 재편될 국제 질서에 대한 종합적 대책과 통찰이 부족하다. 정부 또한 당장의 코로나와 경기 침체 대응에 급한 나머지 이에 대한 뚜렷한 복안을 피력하지 않고 있다. 보호주의가 대두될지라도 세계가 빗장을 잠그는 일은 일어나지 않는다. 예컨대 반도체 하나를 생산하는 데 1차 협력사만 160여 개이고 2차, 3차까지 확장하면 400개가 넘어간다. 기 구축된 글로벌 가치사슬을 조정한다 하더라도 모든 것을 국내에서 해결할 수는 없다. 세계화가 후퇴하고 각국이 보호주의를 펼쳐도 국제 협력과 교류는 지속될 것이다.

하지만 그 세계는 코로나 이전의 세계 질서가 아니다. 70년간 구축해 온 국제 협력 질서는 새롭게 쓰일 것이다. 지난 과거는 뒤늦게 산업화에 뛰어든 탓에 이미 만들어진 국제 질서를 받아들일 수밖에 없었다면 코로나 이후 만들어질 국제 질서는 우리가 능동적인 주체가 되어야한다. 이미 우리가 이를 경험했다는 점을 자각하자. 지난 G20 정상들이 모여 화상회의를 통해 코로나19에 대한 국제적 대응 방안을 논의하고 공동 성명서를 발표했을 때 회의의 주역은 단연코 대한민국이었다. 그럴 만한 자격이 있었고 세계 또한 그것을 기대했다. K-방역은 어느덧 커져 버리고 달라진 한국의 위상을 스스로 깨닫게 만든 계기였을 뿐이다.

공동 성명서를 발표했다지만 백신을 두고 국제사회는 벌써부터 분열과 편 가르기 양상을 보인다. 분명한 것은 지금 이 순간에도 돌연변이를 일으키고 있을지 모를 바이러스에 국제사회가 공동 대응하지 않고서는 이 위기를 넘길 수 없다는 점이다. 코로나19 팬데믹의 한가운데에 대한민국은 자유세계의 기준이고 중심이다. 백신과 치료제 개발에도 역량이 뒤떨어지지 않는 만큼 국제사회의 공동 대응에 리더십을 발휘하고 글로벌 연대의 목소리를 끌어내야 한다. 지금 중심이 되어야 코로나 이후에도 중심으로 자리 잡을 수 있다.

성숙한 시민의식이 절실하다

이 점에서 한국판 뉴딜은 그 시작을 알리는 종소리이며 미래로의 방향 설정이다. 앞으로 한국판 뉴딜은 더 많은 경제 주체들을 포용하면서 새로운 합의를 끌어내며 산적한 사회경제적 모순을 해결해 나가야 한다. 기본 설계가 나왔지만 단기간에 되는 일이 아니다. 미국의 뉴딜은 루즈벨트가 네 번 연임한 끝에 완성되었다. 우리에게도 권위주의로 후퇴하지 않을 세 번의 행운이 필요하고 그 가운데 방향에 대한 거듭된 성찰이 있어야 한다.

사회 일각의 방심과 만용으로 인해 감염 확산이 진정되질 않고 있다. 강화된 거리 두기가 일상의 자유를 얼마만큼 제약하는지 모두가 경험했다. 사회적 대면과 코로나 이전의 일상이 어느 때보다 그리운 시점이다. 하지만 치료제와 백신이 개발되기 전까지 일상의 자유와 생명을 지키는 방법은 성숙한 시민의식밖에 없다. 다소간의 갈등과 불만 표출에도 사회 시스템에 대한 신뢰와 공동체에 대한 연대의식이 무너지지 않았다는 것은 우리 사회의 또 다른 희망이다. 이는 한국판 뉴딜이 성공하기 위한 중요한 자산이 될 것이다. 정치가 뉴딜의 정신을 잃지 않는다면 코로나 이후 대한민국의 미래는 더욱 밝을 것이다.

코로나 쇼크 이후 세계의 변화

초판 1쇄 인쇄	2020년 10월 22일
초판 1쇄 발행	2020년 10월 28일

지 은 이 | 오오마에 겐이치(大前研一)
옮 긴 이 | 박세정
특 집 편 | 노규성 지음
펴 낸 이 | 박정태

편집이사	이명수	출판기획	정하경
편 집 부	김동서, 위가연		
마 케 팅	박명준	온라인마케팅	박용대
경영지원	최윤숙		

펴낸곳	BOOK★STAR
출판등록	2006. 9. 8. 제 313-2006-000198 호
주소	파주시 파주출판문화도시 광인사길 161 광문각 B/D 4F
전화	031)955-8787
팩스	031)955-3730
E-mail	kwangmk7@hanmail.net
홈페이지	www.kwangmoonkag.co.kr

ISBN	979-11-88768-29-5
가격	15,000원